Pilates

Pilates

JOYCE GAVIN

p

Entwurf und Realisation: The Bridgewater Book Company Ltd.

Parragon Books Ltd
Queen Street House
4 Queen Street
Bath BA1 1HE, UK

Übersetzung: Inga-Brita Thiele, Köln
Produktion und Satz: Birgit Beyer, Köln
Redaktion: Alexander Kerkhoffs, Ralph Henry Fischer; Köln
Koordination: trans texas GmbH, Köln

ISBN 1-40544-843-1

Printed in China

HINWEIS
Die Informationen in diesem Buch verstehen sich nicht als Ersatz für den Rat eines Arztes. Wer krank ist oder ärztliche Betreuung benötigt, sollte nicht mit den im Buch beschriebenen Übungen beginnen, bevor er den Rat eines kompetenten Arztes eingeholt hat.

Inhalt

Einleitung

Einleitung

Unten
Bei Pilates geht es darum, Bewegungsabläufe kontrolliert und fließend auszuführen und dabei eine ständige Verbindung zwischen Körper und Geist zu halten.

Die Pilates-Technik wurde im frühen 20. Jahrhundert von einem jungen Deutschen entwickelt, der entschlossen war, seine körperlichen Defizite zu überwinden, um gesund und fit zu werden. Seine Anstrengungen waren erfolgreich, und seine Methoden erfreuen sich nach wie vor großer Beliebtheit als sanfte, aber besonders effektive Form des Körpertrainings.

Die Technik, die aus einer Serie kontrollierter, fließender Bewegungen besteht, wird nicht nur Ihre Figur, sondern auch Ihre Beweglichkeit verbessern, Haltungsprobleme beheben, indem sie die natürliche Ausrichtung des Skeletts wiederherstellt und die Funktion Ihrer inneren Organe verbessert. Hauptziel der Übungen ist es, die Stabilität des Körperkerns oder -zentrums – d. h. der Körpermitte mit den Muskeln, die die Wirbelsäule stützen – sowie auch des Schultergürtels und des Beckens zu fördern.

Sie finden hier keine zum stampfenden Rhythmus ohrenbetäubender Musik ausgeführten Aerobic-Übungen – Grundlage des Pilates-Systems sind geistige Konzentration und bewusste, fließende Atmung. Jede Bewegung wird kontrolliert und präzise ausgeführt, wobei die ständige Verbindung zwischen Körper und Geist für ein Informations-Feedback zwischen beiden sorgt. Pilates ist ein ganzheitlicher Weg zu körperlicher und geistiger Gesundheit und Harmonie.

Klingt das zu schön, um wahr zu sein? Wo ist der Haken? Es gibt keinen Haken – Sie müssen sich nur bewusst machen, dass Pilates keine Lösung im „Schnellverfahren" ist. Es braucht seine Zeit und kann harte Arbeit sein, besonders, wenn Ihr Muskeltonus und Ihre Haltung anfangs sehr schwach sind. Aber wenn Sie die Prinzipien und Techniken verstehen und sich danach richten, einen stetigen Rhythmus einhalten und die Anweisungen genau befolgen, ist Ihnen der Erfolg sicher: Sie werden sich glänzend fühlen, blendend aussehen und vor Energie und Selbstbewusstsein strotzen. Sie müssen nur etwas Geduld aufbringen!

Zur Arbeit mit diesem Buch

Es ist sehr wichtig, die Grundprinzipien von Pilates zu verstehen, bevor man mit den Übungen anfängt. Deshalb sollten Sie das Buch nach Möglichkeit einmal ganz durchlesen und dann zum Kapitel „Körper und Geist" zurückkehren und die Übungen darin gründlich durcharbeiten, um sich die dort beschriebenen Techniken anzueignen.

Beginnen Sie dann mit den Aufwärm- und Einführungsübungen. Trainieren Sie auf dieser Ebene sechs bis acht Wochen lang mindestens zweimal pro Woche, um den „Zentralkern" – Ihr Körperzentrum – zu stabilisieren und die tief liegenden Bauch- und Haltungsmuskeln beherrschen zu lernen. Wenn Ihnen diese Übungen geläufig sind, können Sie mit den Anfängerübungen fortfahren; dabei immer auf Stabilität achten. Erst wenn Sie diese Techniken sehr gut beherrschen, sollten Sie zu den Übungen für Fortgeschrittene übergehen.

Manche Übungen bleiben von einer Ebene zur nächsten fast unverändert – nur der Schwierigkeitsgrad wird leicht gesteigert. Wenn Sie bei einer Übung unsicher sind, kehren Sie zur vorigen zurück, bis Sie sich sicherer fühlen.

Auch wenn Pilates eine sehr sichere und sanfte Trainingsmethode ist, wird dringend empfohlen, dass Sie vor Trainingsbeginn die Zustimmung Ihres Hausarztes einholen.

Schritt-für-Schritt-Anleitungen

Einführung
Erklärt, welchem Zweck die Übung dient und welche Körperbereiche davon profitieren.

Anleitungen
Klare und detaillierte Schritt-für-Schritt-Anweisungen zur Durchführung der Bewegungsabläufe.

Abbildungen
Die Fotos sind eine ergänzende Hilfe, um Ihnen die richtigen Haltungen und Bewegungen zu verdeutlichen.

Variationen
Vorschläge zur Abwandlung oder Steigerung der beschriebenen Grundübung.

Geschichte der Pilates-Methode

Joseph H. Pilates kam 1880 in Düsseldorf zur Welt. Als Kind litt er an allerlei chronischen Krankheiten, u. a. an Asthma und Rachitis, die damals meist zu dauerhafter Behinderung, wenn nicht sogar Bettlägerigkeit führten. Doch Pilates hatte eine äußerst positive Lebenseinstellung und beschloss schon in sehr jungen Jahren, sein Leben nicht von seinen Krankheiten bestimmen zu lassen.

Er begann, verschiedene Methoden der Körperertüchtigung und des Muskeltrainings zu studieren, doch statt sich auf ein oder zwei davon zu konzentrieren, nahm er von jeder die Elemente, die er brauchte, und entwickelte seine eigene, sehr erfolgreiche Methode – die er später „Contrology" taufte. Auf diese Weise mauserte er sich zum gesunden und kräftigen Teenager und bald zum begeisterten Sportler, der sich im Skifahren, Tauchen, Turnen und Boxen hervortat. Eine Zeit lang betätigte er sich sogar als Zirkusartist! Mit 32 ging er nach England, wo er als Profiboxer tätig war und die Kriminalbeamten der Polizeibehörde Scotland Yard in Selbstverteidigung unterrichtete.

Als zwei Jahre später der Erste Weltkrieg ausbrach, wurde Pilates als Deutscher von den britischen Behörden interniert. Er nutzte diese Zeit konstruktiv und beschäftigte sich weiter mit Methoden zur Verbesserung und Erhaltung der Gesundheit. Das Pilates-System entstand aus der Überzeugung, dass echtes Wohlbefinden auf einer Kombination aus körperlicher Fitness und positiver Geisteshaltung beruht. Dies vermittelte er auch den mit ihm Internierten, die dadurch außergewöhnlich gesund blieben! Schwerverletzten half er bei der Rehabilitation, indem er Sprungfedern an den Krankenbetten anbrachte, die einen geeigneten Widerstand für sanfte Übungen zur Wiederherstellung des Muskeltonus boten.

Nach dem Krieg kehrte Pilates für einige Jahre nach Deutschland zurück, wo er mit anderen Pionieren der Bewegungstechnik zusammenarbeitete. 1926 schiffte er sich dann nach New York ein. Auf der Überfahrt traf er seine zukünftige Frau Clara, die seine radikalen Ansichten über Gesundheit und Fitness teilte. Das Paar gründete ein Fitness-Studio, das vor allem bei Tänzern, Schauspielern, Leichtathleten und Turnern großen Anklang fand, die nach Kraft, Energie, Ausdauer und Anmut strebten – ohne die wuchtigen Muskelpakete, die mit vielen Trainingsmethoden einhergingen. Pilates lehrte einen ganzheitlichen Weg zur Gesundheit, der striktes, regelmäßiges Training, eine der körperlichen und geistigen Fitness förderliche Ernährung und vor allem eine entschlossene und motivierte Geisteshaltung umfasst.

Außerdem verhalf Pilates Menschen, die an Verletzungsfolgen litten, durch gezielte Rehabilitation zu rascher und nachhaltiger Erholung. Gestützt auf seine Erfahrungen im Weltkrieg, entwarf er z. B. ein Gleitbett mit Federn, das dem Genesungsgrad des Patienten entsprechend verstellt werden konnte. Ähnliche Geräte werden heute noch in modernen Pilates-Studios eingesetzt.

Pilates, der als Kind so schwach und kränklich gewesen war, blieb bis zu seinem Tod im Alter von 87 Jahren kerngesund – ein glänzendes Beispiel für die Effektivität seiner Methoden. Er schrieb mehrere Bücher zum Thema Fitness, darunter *Your Health* (1934 erschienen) und *Return to Life through Contrology* (1945). In seinem Streben nach optimaler Gesundheit ließ er keine Beobachtung unberücksichtigt – nicht umsonst erinnern so einige seiner Übungen an eine sich reckende Katze!

Die „echte" Pilates-Methode wurde nie offiziell gelehrt oder dokumentiert, und auch Pilates selbst variierte seine Unterrichtsmethode nach den individuellen Bedürfnissen seiner Schüler. So haben viele Pilates-Lehrer im Laufe der Zeit eigene Abwandlungen und Methoden entwickelt – die jedoch alle auf Pilates' bewährten und zeitlosen Prinzipien basieren.

Unten
Die Elemente des Pilates-Systems stammen aus vielen Quellen, u. a. aus Beobachtungen der Art und Weise, wie Katzen sich dehnen und strecken.

Körper und Geist

Grundtechniken

„Lebensqualität erreicht man nicht durch die richtige Abkürzung. Es gibt keine Abkürzung, nur einen Weg. Dieser Weg beruht auf altehrwürdigen Prinzipien der Menschheitsgeschichte, aus denen unmissverständlich hervorgeht, dass ein sinnvolles Leben keine Frage der Schnelligkeit und Effizienz ist. Entscheidend ist nicht, wie schnell man etwas macht, sondern was man macht und warum man es macht.“

Stephen R. Covey, *Der Weg zum Wesentlichen*

Diese Aussage bezieht sich zwar auf Organisation und Zeitmanagement, trifft aber auf viele Dinge im Leben zu, auch auf das Pilates-Training. Pilates ist ein Weg zum gesunden Körper, der höchst effizient genutzt werden kann. Wer ihm im beschriebenen Tempo folgt und sich an die dazugehörigen Grundsätze und Techniken hält, erreicht das gewünschte Ergebnis. Wer versucht, vom Weg abzuweichen, um schneller ans Ziel zu gelangen, wird vermutlich scheitern. Also haben Sie Geduld, halten Sie sich an Ihre 10-Minuten-Sitzungen und lernen Sie, Ihre Fortschritte zu genießen. Es mag anfangs etwas mühselig erscheinen, aber die Mühe lohnt sich!

In diesem Buch finden Sie zahlreiche verschiedene Übungen – von Aufwärm- und Anfängerübungen bis zu Übungen für Fortgeschrittene –, die ausnahmslos auf den Grundsätzen und Grundtechniken von Pilates basieren, welche wiederum für den Übungserfolg entscheidend sind. Nehmen Sie sich zunächst etwas Zeit, um die folgenden Seiten durchzulesen und die Atem- und Bauchmuskeltechniken zu trainieren. Beginnen Sie nicht mit den eigentlichen Pilates-Übungen, nicht einmal mit den Aufwärmübungen, bis Sie diese Grundtechniken sicher beherrschen.

Atmung

Wir atmen normalerweise instinktiv, ohne darüber nachzudenken, und gehen davon aus, dass unsere Atemtechnik richtig ist. Dabei atmen wir oft zu flach und nehmen nicht genug Luft auf, um das Blut mit genügend Sauerstoff anzureichern. Das kann uns müde und lethargisch machen – und unseren Energiehaushalt und unsere Stimmungslage beeinträchtigen.

Kontrolliertes, effektives Atmen ist eine entscheidende Voraussetzung der Pilates-Technik und bildet die Basis für den weiteren Trainingserfolg. Kampfsportarten, Tai Chi und Yoga legen ebenfalls großen Wert auf bewusstes Atmen, um den Geist zu beruhigen und zu konzentrieren, körperliche Anspannung abzubauen und die Lernfähigkeit zu steigern – Pilates ist da keine Ausnahme.

Um festzustellen, ob Sie richtig atmen, legen Sie sich auf den Boden, atmen durch die Nase ein und achten darauf, wo die Einatemluft hingeht. Wenn nichts weiter passiert, als dass Ihre obere Brustpartie sich etwas bewegt und Sie dann wieder ausatmen, ist Ihre Atmung nicht effektiv. Wenn Sie beobachten, dass Sie tief einatmen, dabei den Bauch fest einziehen und dann beim Ausatmen alles entspannen, ist Ihre Atmung ebenfalls nicht effektiv – in beiden Fällen müssen Sie unbedingt umlernen.

Die Pilates-Atmung geht tief und weit in den Rücken und die Körperseiten hinein, füllt Ihre Lungen wie Blasebälge, dehnt das Zwerchfell und weitet Ihren Brustkorb nach beiden Seiten – stellen Sie sich das wie beim Anheben eines Eimerhenkels vor. Beim Ausatmen zieht sich das Zwerchfell zusammen und drückt die gesamte verbrauchte Luft aus den Lungen. Jeder Schritt der Pilates-Übungen beginnt mit Ein- oder Ausatmen, und die Bewegung begleitet den Atem. Sie müssen Ihre Atmung so unter Kontrolle haben, dass die Atemzüge stetig, rhythmisch und fließend erfolgen – anderenfalls besteht die Gefahr, dass Sie atemlos zusammenbrechen!

Zentrierung

Alle Bewegungen gehen von einem starken zentralen „Kern" aus – dem Bereich zwischen dem unteren Rippenbogen und der Verbindungslinie der Hüftknochen. Hier bilden der quere Bauchmuskel und der vielgespaltene Rückenmuskel einen „Kraftgürtel", der von Pilates auch „Powerhouse" genannt wird. Bei Fehlhaltung oder Rückenbeschwerden ist Ihr Zentrum geschwächt. Es durch Muskeltraining zu kräftigen, um mühelos fließende Bewegungen und eine gute Haltung zu fördern, ist das erste Ziel der Pilates-Übungen.

Kontrolle und Konzentration

Geistige und körperliche Fitness ist das Ergebnis eines permanenten Informationsaustauschs zwischen Gehirn und Körper. Konzentrieren Sie sich beim Training auf das, was Sie tun – bringen Sie Ihren Geist zur Ruhe, lassen Sie ihn auf Ihren Körper hören, und nehmen Sie jede Empfindung wahr. Konzentrieren Sie sich auf jede Bewegung, um Geist und Körper in Gleichklang zu bringen und eine Folge ausbalancierter, kontrollierter, fließender Bewegungen zu schaffen, die anmutig ineinander übergehen.

Präzision

„Die Erfolge von Pilates hängen ganz und gar davon ab, dass man die Übungen genau nach den Anweisungen ausführt."
J. H. Pilates

Erliegen Sie nicht der Versuchung, von den Anweisungen abzuweichen. Lesen Sie die Anweisungen für jede Übung aufmerksam durch, bevor Sie sie ausführen. Führen Sie jede Bewegung präzise aus – konzentrieren Sie Ihre Aufmerksamkeit auf den jeweiligen Körperbereich, achten Sie darauf, voll und tief zu atmen und an den richtigen Punkten der Übung ein- und auszuatmen.

Die Übungen werden nicht effektiver, wenn Sie sie hastig absolvieren und dafür häufiger wiederholen – hier ist Qualität viel wichtiger als Quantität.

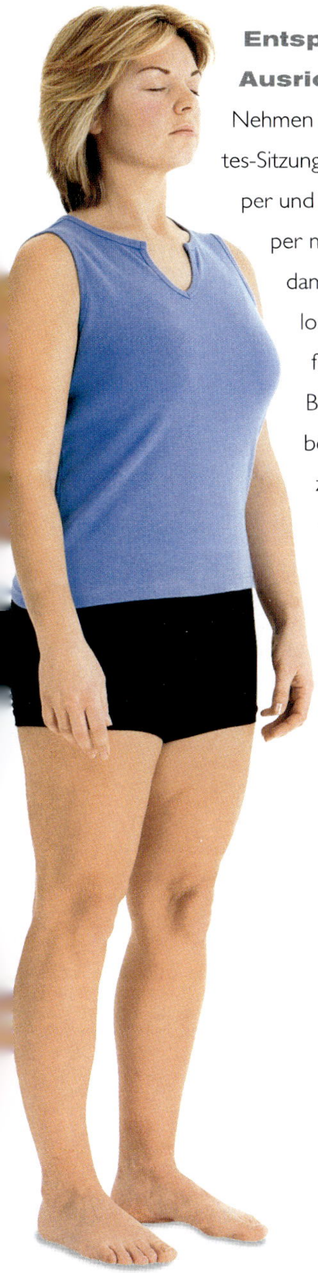

Entspannung und Ausrichtung

Nehmen Sie sich vor Beginn Ihrer Pilates-Sitzung einige Minuten Zeit, um Körper und Geist zu entspannen. Ihr Körper muss richtig ausgerichtet sein, damit Sie die Bewegungen mühelos und präzise, natürlich und fließend ausführen können.

Bevor Sie mit einer Bewegung beginnen – ob im Stehen, Sitzen, in Bauch- oder Rückenlage –, achten Sie darauf, dass

- Ihr Kopf in einer Linie mit dem Körper und nicht zur Seite geneigt ist,
- Ihre Schultern in einer Linie mit den Hüften sind – stellen Sie sich vor, dass Ihre Schulterblätter den Rücken hinabgleiten,
- Ihre Knie in einer Linie mit den Hüften sind,
- Ihre Füße in einer Linie mit den Knien sind,
- Rücken und Becken (siehe Seite 18 und 29) in „Neutralposition" sind.

Motivation und Visualisierung

Entwicklung und Aufrechterhaltung einer positiven Einstellung sind wichtig für den Erfolg jedes Unternehmens. Das Pilates-Training erfordert nicht viel Zeit, und Sie wissen, dass es Ihnen gut tun wird. Trotzdem gibt man oft auf, bevor man überhaupt angefangen hat. Sätze wie: „Ich kann das nicht", „Ich habe keine zehn Minuten übrig" oder „Es ist zu spät, sich jetzt noch zu ändern" sind nicht hilfreich – also sagen Sie sich das nicht! Sagen Sie sich vielmehr jeden Tag: „Jawohl, ich kann die zehn Minuten leicht aufbringen, und ich werde es schaffen!" Das mag Ihnen womöglich albern vorkommen, aber Sie werden es sich danken, wenn die ersten Erfolge sichtbar werden.

Bevor Sie mit dem Pilates-Training anfangen, sollten Sie sich ein inneres Bild von dem machen, was Sie überhaupt erreichen wollen. Ob Sie sich einfach nur bestens fühlen und blendend aussehen möchten oder körperliche Probleme, z. B. Rückenbeschwerden, überwinden wollen: Pilates kann Ihnen bei alldem helfen – wenn Sie es zulassen.

Anatomie: Knochengerüst

Eines der Hauptziele von Pilates ist es, die natürliche Ausrichtung des Knochengerüsts wiederherzustellen: Die wichtigsten Elemente sind dabei Wirbelsäule, Schultergürtel und Becken. Pilates mobilisiert außerdem die Gelenke und kann helfen, die Knochendichte zu erhöhen, wodurch sich das Osteoporose-Risiko und die damit verbundene Anfälligkeit für Knochenbrüche stark vermindern.

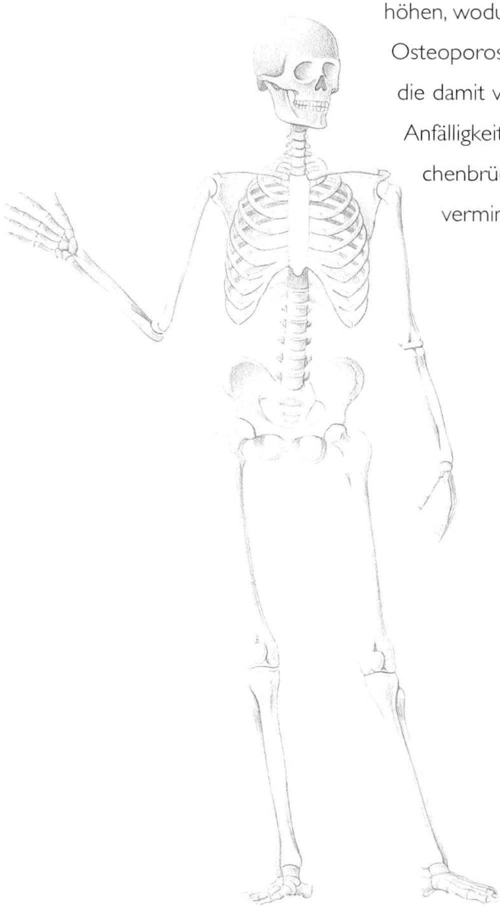

Pilates hilft, das gesamte Skelettsystem gesund zu erhalten.

Die Wirbelsäule

Die Wirbelsäule besteht aus 34 einzelnen Knochen, den Wirbeln. Diese bilden eine schützende Säule um das empfindliche Rückenmark – das zentrale Element des Nervensystems, das Signale vom Gehirn an alle Teile des Körpers und umgekehrt übermittelt. Außerdem verbindet und stützt die Wirbelsäule das übrige Skelett.

Von hinten gesehen scheint die Wirbelsäule durchgehend gerade zu verlaufen, doch von der Seite sieht man, dass sie vier natürliche Krümmungen hat, die die Bewegungen des Körpers abfedern. Bei manchen Pilates-Übungen müssen Sie darauf achten, dass Ihre Wirbelsäule in „Neutralposition" ist. Das bedeutet, dass Sie sie in ihren natürlichen Krümmungen ruhen lassen. Im Stehen sollten Sie die Wirbelsäule nicht unnatürlich durchdrücken, aber auch nicht so zusammensacken, dass sich die Krümmungen verstärken. Im Liegen sollten Sie Ihren Rücken nicht gegen den Boden drücken, aber auch nicht so wölben, dass die Lendenwirbel den Bodenkontakt verlieren. Entspannen Sie sich, und lassen Sie Ihre Wirbelsäule in ihre natürliche „Neutralposition" hineinfinden.

Außerdem werden Sie oft aufgefordert, den Rücken Wirbel für Wirbel ab-

oder aufzurollen. Die Wirbel sind durch Bänder verbunden; die Bandscheiben zwischen ihnen verhindern ein Aufeinanderscheuern. Dieser kleingliedrige, geschützte Aufbau ermöglicht Ihnen ein kontrolliertes, fließendes Beugen und Strecken.

Der Schultergürtel

Die Arme sind über die Schultern mit dem Rumpf verbunden. Jede Schulter besteht aus einem stützenden Schlüsselbein, das mit dem oberen Ende des Brustbeins verbunden ist, und einem Schulterblatt, an dem der Oberarmknochen aufgehängt ist. Die Schultern bieten reichlich Spielraum für Haltungsfehler. Die häufige Ermahnung, man solle „gerade stehen", kann dazu führen, dass man die Schultern unnatürlich weit zurücknimmt, was Anspannungen über das Schlüsselbein bis zum Brustkorb verursacht. Vornübergebeugtes Sitzen kann zu Verspannungen im Rücken führen. Auch das allzu häufige Tragen schwerer Einkäufe kann das Gleichgewicht Ihrer Schultern dauerhaft stören. Innere Anspannung überträgt man oft auf die Schultern, indem man sie hochzieht. Die richtige Schulterhaltung ist entscheidend für eine gute Körperhaltung und um Rückenschmerzen vorzubeugen oder zu lindern.

Das Becken

Das Becken ist mit dem unteren Ende der Wirbelsäule verbunden und dient der Aufhängung der Beine an den Hüftgelenken. Fehlausrichtungen des Beckens werden z. B. durch eine falsche Sitzhaltung verursacht oder dadurch, dass man längere Zeit ein Kleinkind auf der Hüfte trägt. Die Bauchmuskulatur, die zum „Körperkern" gehört, ist am Schambein mit dem Becken verbunden. Das Becken „neutral" zu halten bedeutet, es weder nach hinten zu recken (sodass das Gesäß heraussteht und die Lendenwirbelsäule sich übermäßig durchbiegt), noch nach vorn zu schieben (sodass der Bauch vorsteht und die Wirbelsäule überstreckt wird). Lassen Sie das Becken einfach in seine natürliche Neutralposition sinken, in der es nirgendwo Anspannungen verursacht.

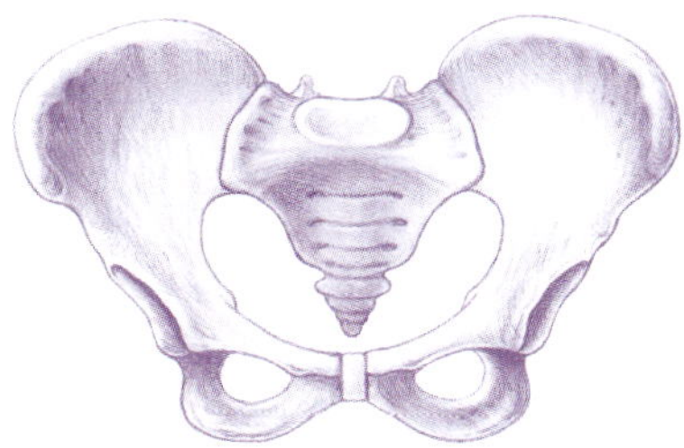

Die richtige Ausrichtung des Beckens ist sehr wichtig für eine gesunde Körperhaltung.

Anatomie: Muskeln

Muskeln müssen laufend beansprucht werden, damit sie stark bleiben, und regelmäßig gedehnt werden, damit sie ihre Elastizität behalten. Da viele Menschen die meisten Wege mit dem Auto zurücklegen und etliche Stunden am Schreibtisch sitzen, schenken sie ihren Muskeln oft nicht die zu ihrer Gesunderhaltung nötige Aufmerksamkeit. Die Pilates-Übungen helfen Ihnen durch Konzentration auf die Hauptmuskelgruppen und deren gezielte Beanspruchung, Ihre Muskeln in Topform zu bringen.

Wenn man Muskeln nicht genug beansprucht, werden sie schwach und büßen ihre Elastizität ein, was die Bewegung erschwert – wer je durch eine Krankheit auch nur einige Tage ans Bett gefesselt war, weiß, wie schwach und wackelig man sich danach fühlt. Pilates erkannte, dass längere Untätigkeit nach schwerer Krankheit oder Verletzung zu der körperlichen Schwäche führt, an der er als Kind gelitten hatte. Er fand, dass man mit der Rehabilitation so früh wie möglich beginnen müsse, um Muskelschwund zu vermeiden. (Wenn Sie sich von einer schweren Krankheit oder Verletzung erholen, sollten Sie sich von Ihrem Arzt und einem qualifizierten Pilates-Trainer über Rehabilitationsprogramme beraten lassen.)

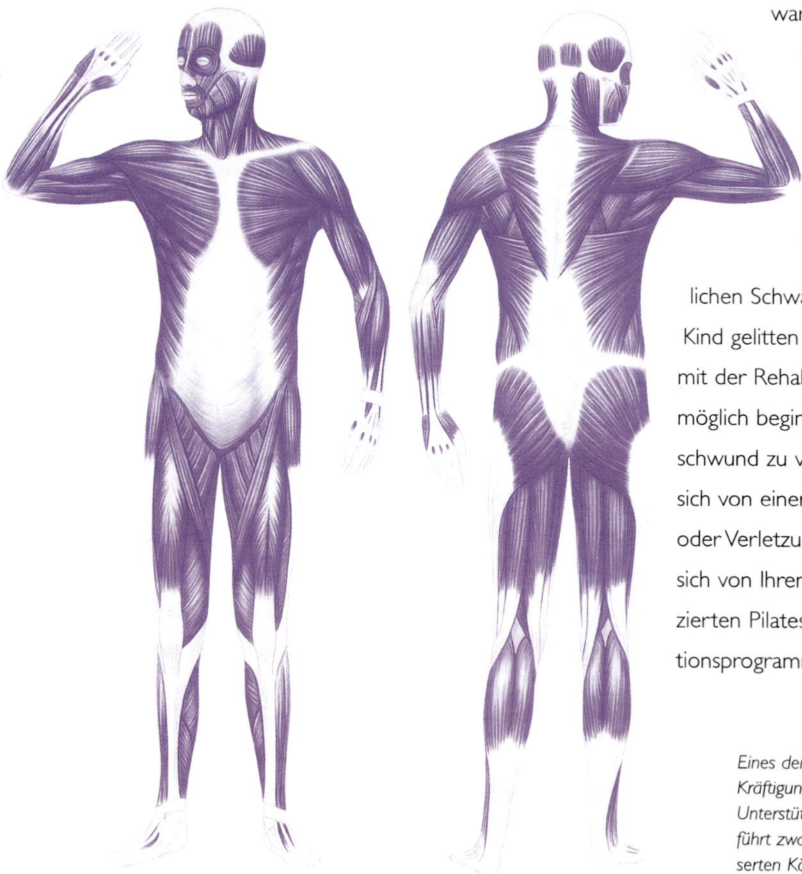

Eines der Hauptziele von Pilates ist die Kräftigung der Muskulatur zur besseren Unterstützung des Skelettsystems. Dies führt zwangsläufig auch zu einer verbesserten Körperhaltung.

Muskeln sind Gewebe, die paarweise zusammenarbeiten, um Bewegungen auszuführen – wenn sich der eine Muskel zusammenzieht, entspannt sich der andere. Halten Sie Ihren Arm mit der Handfläche nach unten vor sich, die Finger parallel zum Boden ausgestreckt. Knicken Sie jetzt Ihr Handgelenk nach unten ab – dabei sehen Sie, wie sich die Muskeln auf der Oberseite des Handgelenks entspannen und dehnen, während sich die auf der Unterseite zusammenziehen. Je weiter Sie die Finger zur Unterseite des Handgelenks beugen, desto stärker müssen sich die oberen Muskeln dehnen und die unteren anspannen.

Muskeln sind am kraftvollsten und arbeiten am effektivsten, wenn sie einen guten Tonus (Grundspannung) aufweisen, dabei aber entspannt sind. Wenn sie übermäßig angespannt (verspannt) oder völlig spannungslos (überdehnt) sind, ist das Verletzungsrisiko bei jeder Bewegung hoch. Die Bewegung aus einem verspannten Muskel heraus kann zur Überbeanspruchung des Gelenks führen, das in Richtung des Muskels gezogen wird. Ein schwacher, überdehnter Muskel kann das Gelenk instabil machen, was zu verlangsamten Reflexen führt. Die Pilates-Übungen in diesem Buch sollen den Muskeltonus steigern und Ihre Muskeln kräftig und elastisch machen, sodass alle Bewegungen von einem Zustand der Entspannung ausgehen können.

Die Pilates-Technik konzentriert sich besonders auf die Muskeln des „Kraftgürtels“: den tief liegenden queren Bauchmuskel *(Musculus transversus abdominis)* und den vielgespaltenen Rückenmuskel *(Musculus multifidus)*, gestützt von der Beckenbodenmuskulatur. Wenn Ihre Bauchmuskulatur sehr schwach ist, müssen Sie zuerst einige Zeit darauf verwenden, sie zu kräftigen, damit nicht andere, stärkere Muskelgruppen versuchen, ihre Arbeit zu übernehmen. Es ist z. B. verführerisch, statt der Beckenbodenmuskulatur den großen Gesäßmuskel *(Musculus gluteus maximus)* einzusetzen, dessen Kontraktion man besser spüren kann, oder den Oberkörper anzuspannen, indem Sie Kopf und Schultern heben und die Muskeln der oberen Rückenpartie anspannen, statt die Bauchmuskulatur einzusetzen. Doch wenn Sie Kraft und Tonus Ihres „Kraftgürtels“ erst ausreichend gesteigert haben, werden sämtliche Ihrer Bewegungen leichter und fließender. Und dann können Sie mit der Unterstützung durch ein starkes Zentrum auch andere Muskelgruppen effektiv trainieren.

Haltung

„Eine gute Haltung erreicht nur, wer den gesamten Körpermechanismus perfekt unter Kontrolle hat."
J. H. Pilates

Es spricht viel dafür, sich eine gute Haltung anzugewöhnen. Vom rein ästhetischen Standpunkt aus wirken Menschen mit guter Haltung größer, schlanker und graziöser als solche, die gebeugt herumschlurfen oder zusammengesackt im Sessel hängen, als ob ihnen das ganze Leben eine Last wäre oder sie möglichst nicht bemerkt werden möchten! Durch eine gute Haltung fühlen Sie sich automatisch selbstbewusster und strahlen mehr Selbstsicherheit aus.

Mechanisch betrachtet verlangen wir unserem Körper sehr viel ab. Im Verlauf der Evolution sind wir – der Schwerkraft zum Trotz – zum aufrechten Gang gelangt, doch wenn wir nicht auf unsere Haltung achten, behält die Schwerkraft letztlich die Oberhand. Außerdem sitzen wir oft stundenlang am Computer oder im Auto, klemmen uns das Telefon unters Ohr, damit wir beim Reden weiterarbeiten können, schleppen schwere Einkaufstaschen und Aktenkoffer – das kann nicht gutgehen!

Eine schlechte Haltung kann viele Beschwerden auslösen oder verschlimmern. Am offensichtlichsten gilt das wohl für Rückenschmerzen – wer seine Muskeln durch nachlässige Haltung unnötig überlastet, ist für solche Beschwerden wesentlich anfälliger. Haben Sie aber schon einmal an einen Zusammenhang zwischen schlechter Haltung und Kurzatmigkeit oder auch Reizdarmsyndrom gedacht? Nur bei richtiger Körperhaltung können Ihre inneren Organe optimal arbeiten: So können Sie z. B. tiefer atmen, wenn Ihre Lungenkapazität nicht durch den Brustkorb eingeengt wird, und sind weniger anfällig für Verdauungsprobleme, wenn Magen und Darm nicht zusammengequetscht werden.

Wenn Sie den Verdacht haben, dass Ihre Haltung nicht optimal ist, kontrollieren Sie sie vor einem hohen Spiegel. Ihre Schultern sollten auf gleicher Höhe und der Abstand zwischen Ohr und Schulter sollte auf beiden Seiten gleich sein – wenn Sie den Kopf nach einer Seite neigen, ziehen Sie dadurch Ihren Körper aus dem Gleichgewicht. Auch Hüften und Knie sollten sich auf gleicher Höhe befinden – wenn Ihr Gewicht nicht gleichmäßig verteilt ist, wird irgendein Gelenk oder Muskel im Körper überlastet.

Stellen Sie sich jetzt seitlich zum Spiegel. Ihr Kopf sollte über dem Körper zentriert und Ihre Wirbelsäule dabei aufrecht, aber entspannt sein. Zu den häufigsten Haltungsproblemen gehören das Hohlkreuz, durch das der Bauch nach vorn geschoben wird, und der Rundrücken, durch den der Kopf nach vorn sackt und Brustkorb und Bauch unter Druck geraten.

Seien Sie ehrlich zu sich selbst! Wenn Ihr Spiegelbild einen ganz guten Eindruck macht – und Sie sich dann entspannen und völlig in sich zusammensacken, müssen Sie an sich arbeiten! Wenn Sie geschummelt haben, haben Sie vermutlich als Erstes den Bauch eingezogen, was automatisch dazu führt, dass man auch den Po einzieht, Wirbelsäule und Kopf aufrichtet und die Schultern zurücknimmt. Mit anderen Worten: Sie haben den ganzen Körper richtig ausgerichtet. Beim Entspannen lassen Sie dann vermutlich den Bauch nach vorn sacken – und alles andere folgt nach. Wenn Sie Ihre Bauchmuskulatur durch Pilates stärken, macht das Baucheinziehen keine Mühe mehr, und Sie bewahren selbst in entspanntem Zustand eine gute Haltung.

Dauernde Computerarbeit kann zu Haltungsproblemen führen.

Selbst in völlig entspanntem Zustand sollten Sie eine gute Haltung bewahren.

Atmung

Wie bereits erwähnt, ist die richtige und effektive Atmung eine entscheidende Voraussetzung für das Pilates-Training – deshalb sollten Sie sich etwas Zeit nehmen, um die Atemtechnik zu erlernen. Ziel ist eine sanfte, nicht übertriebene Atmung, und zwar in Form der „seitlichen Brustkorbatmung", bei der sich der Brustkorb nach den Seiten und nach hinten weitet. Beim Einatmen bewegen sich die Rippen nach oben und außen – ähnlich wie das Anheben eines Eimerhenkels –, beim Ausatmen bewegen sie sich wieder nach innen und senken sich.

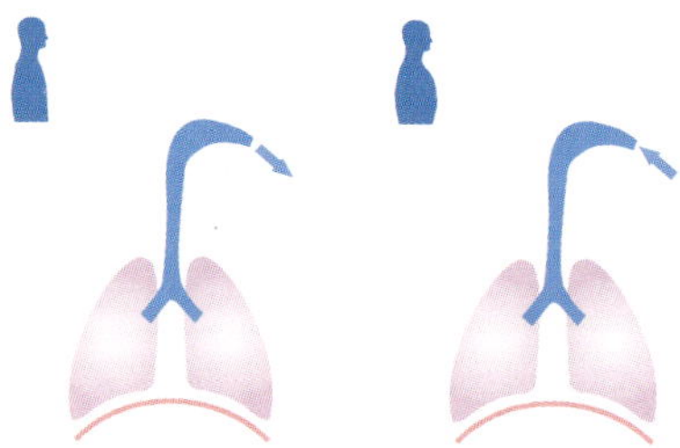

Links
Wenn Sie richtig atmen, sollten sich Brustkorb und Zwerchfell beim Einatmen dehnen, um die Lungen zu füllen, und beim Ausatmen zusammenziehen, um die Luft aus dem Körper zu drücken.

1 SCHRITT EINS
Setzen Sie sich an einem warmen, gemütlichen Platz auf den Boden. Legen Sie sich ggf. ein Kissen oder eine Matte unter.

2 SCHRITT ZWEI
Setzen Sie sich mit gekreuzten Beinen aufrecht hin; achten Sie darauf, dass Ihre Schultern entspannt sind. Legen Sie eine Hand flach auf Ihr Brustbein, die andere auf den Bauchnabel.

3 SCHRITT DREI
Schließen Sie die Augen, und atmen Sie eine Weile ganz normal ein und aus. Drücken Sie dabei die Hände sanft gegen den Körper, und spüren Sie die Bewegungen Ihres Körpers beim Atmen. Vielleicht hebt sich Ihre Brust ein bisschen und Ihr Bauch bewegt sich vor und zurück, oder vielleicht spüren Sie auch gar nichts.

4 SCHRITT VIER

Legen Sie jetzt Daumen und Finger jeder Hand parallel aneinander. Legen Sie die Handflächen auf den unteren Bereich des Brustkorbs, sodass die Fingerspitzen auf der weichen Öffnung in der Mitte liegen. Entspannen Sie die Schultern, und lassen Sie die Schulterblätter nach unten sinken.

VARIATIONEN

Probieren Sie die Technik im Stehen, in Rücken- und Bauchlage und im Sitzen (die Knie im 45°-Winkel gebeugt, die Füße flach auf dem Boden). In manchen Haltungen ist die richtige Atmung leichter zu erspüren als in anderen, aber Sie sollten zur Vorbereitung auf die Übungen sämtliche Haltungen ausprobieren.

5 SCHRITT FÜNF

Ihr Körper sollte ganz entspannt sein. Atmen Sie durch die Nase ein und mit einem Seufzer durch den entspannt geöffneten Kiefer wieder aus – mit einem „H"-Laut wie in „hoffen". Atmen Sie in einem gleichmäßigen Rhythmus – versuchen Sie, vor dem Ein- und Ausatmen jeweils in Gedanken bis drei zu zählen.

6 SCHRITT SECHS

Schließen Sie die Augen, und erspüren Sie, wie Ihr Körper sich fühlt. Sie sollten bequem sitzen, die Hände locker auf dem Brustkorb, die Schultern entspannt, die Atmung in sanftem Rhythmus fließend.

7 SCHRITT SIEBEN

Drücken Sie die Handflächen sanft gegen den Brustkorb – nehmen Sie diesen Bereich bewusst wahr. Atmen Sie sanft in Richtung Ihrer Handflächen ein, und spüren Sie, wie Ihr Brustkorb sich weitet. Spüren Sie beim Ausatmen, wie die Rippen sich wieder nach innen bewegen. Dies wiederholen Sie insgesamt zehnmal. Spüren Sie das Schwingen des „Eimerhenkels" nach oben und außen, unten und innen.

Körperplatzierung und Muskelsynergie

Kerntraining

Pilates ist ein synergetisches Training, d. h., dass bei jeder Bewegung in jeder Übung alle Teile des Körpers zusammenarbeiten, um das gewünschte Resultat zu erzielen. Für ein erfolgreiches Pilates-Training sollte man die Muskelgruppen des Körperzentrums lokalisieren können, um zu erspüren, wie sie zusammenarbeiten, und um zu lernen, wie man sie kontrolliert.

Das Körperzentrum kräftigen

Wie schon erwähnt, ist das erste Ziel von Pilates die Schaffung eines starken, stabilen „Zentrums" oder „Kerns" – von Pilates als dynamischer „Kraftgürtel" oder „Powerhouse" bezeichnet – als Ausgangspunkt einer optimalen Haltung und sämtlicher Bewegungen.

Links und gegenüber
Bevor Sie mit dem Pilates-Training beginnen, müssen Sie lernen, den queren Bauchmuskel zu erspüren und richtig zu aktivieren.

Bei den Pilates-Übungen stoßen Sie oft auf die Anweisung: „Die Verbindung mit dem Zentrum halten." Das müssen Sie erst mühelos beherrschen, bevor Sie im Stande sind, Ihre ganze Aufmerksamkeit auf den Bereich zu konzentrieren, den Sie gerade trainieren. Was ist also dieses überaus wichtige Zentrum, und wo befindet es sich?

Grob gesagt handelt es sich um den Bereich zwischen einer imaginären Linie rund um den Körper knapp unterhalb des Zwerchfells und einer zweiten oberhalb des Beckenbodens. Drei Muskeln in diesem Bereich sind an der Schaffung eines starken Zentrums beteiligt. Dies sind zunächst die sehr tief, nahe an der Wirbelsäule liegenden Muskeln, die die Lendenwirbelsäule stabilisieren: der quere Bauchmuskel vor der Wirbelsäule und der vielgespaltene Rückenmuskel hinter ihr, beide auf Höhe des Nabels. Sie werden ergänzt durch die Beckenbodenmuskulatur, die Basis.

Der quere Bauchmuskel ist der am tiefsten liegende der vier Muskeln, die die Bauchwand bilden. Um die Lage dieses Muskels zu erspüren, stellen Sie sich gerade, aber entspannt hin, und legen Sie beide Hände so auf Ihre Taille, dass die Finger nach innen auf den Nabel gerichtet sind. Husten Sie jetzt einmal kurz und heftig. Dabei fühlen Sie einen Muskel, der sich unter Ihren Fingern bewegt. Atmen Sie einmal ein und kräftig wieder aus – dabei spüren Sie, wie sich der gleiche Muskel bewegt: Das ist der quere Bauchmuskel *(Musculus transversus abdominis)*. Da er ein überaus wichtiges Element unserer Kernstabilität ist, müssen Sie lernen, ihn richtig zu aktivieren.

Den queren Bauchmuskel aktivieren

Es gibt eine richtige und eine falsche Methode, um den queren Bauchmuskel zu aktivieren. Die falsche besteht schlicht darin, den Bauch so übertrieben stark einzuziehen, dass er praktisch an der Wirbelsäule klebt. Sie sollen jedoch stattdessen eine sanfte Kontraktion dieses Muskels erlernen, die Sie jederzeit mühelos aufrechterhalten können, ob im Stehen, Gehen oder Sitzen, beim Training oder am Schreibtisch.

Dazu muss man wissen, dass es zwei Muskeltypen gibt – Mobilisatoren (Arbeitsmuskeln) und Stabilisatoren (Stützmuskeln). Die Mobilisatoren sind für größere Bewegungen, wie z. B. das Treten oder Werfen, zuständig – sie mobilisieren die Gliedmaßen. Im Vergleich zu den Stabilisatoren liegen sie dichter unter der Oberfläche, sind länger, arbeiten härter (mit ca. 40–100 % ihrer Kraft) und phasisch, d. h. mit kurzen Phasen der Aktivität und Inaktivität, weil sie rasch ermüden.

Die Stabilisatoren liegen tiefer, z. B. nahe an der Wirbelsäule; sie sind kürzer als die Mobilisatoren, arbeiten dauerhafter und sind tonisch (d. h., sie halten eine ständige Grundspannung, den Muskeltonus). Die Stabilisatoren müssen Ausdauerleistungen erbringen und arbeiten deshalb nur mit ca. 20–30 % ihrer maximalen Kontraktion. Der quere Bauchmuskel ist ein Stabilisator – ein tief liegender Stützmuskel –, weshalb es wichtig ist, ihn mit Bedacht zu trainieren.

Mit dem queren Bauchmuskel arbeiten

Wie können Sie das richtige Kontraktionsniveau des queren Bauchmuskels von 30 % erkennen? Lesen Sie sich diese Übung gut durch, bevor Sie sie ausprobieren.

Stehen Sie in guter Haltung – aufrecht, die Knie nicht durchgedrückt, das Steißbein zum Boden gerichtet, die Schultern entspannt. Die Schulterblätter in Richtung Becken sinken lassen. Halten Sie den Kopf aufrecht, sodass die Ohren zur Decke weisen, und richten Sie die Augen auf den Horizont. In dieser Haltung fühlen Sie sich von Kopf bis Fuß gestreckt. Entspannen Sie jetzt Ihren Bauch so vollständig wie möglich – und ordnen Sie dieser Haltung einen Wert von 0 % zu. Dann in die erste Haltung zurückkehren.

Ziehen Sie jetzt den Bauch so weit wie irgend möglich zur Wirbelsäule ein, und ziehen Sie die Schultern bis fast zu den Ohren hoch, sodass sich Ihr ganzer Körper extrem angespannt anfühlt. Ordnen Sie dieser Haltung 100 % zu. Damit verfügen Sie jetzt über eine Skala von 0 % (völlig spannungslos) bis 100 % (so angespannt, dass Sie kaum noch atmen können).

Jetzt nehmen Sie wieder die erste Haltung ein. Legen Sie den Daumen der rechten Hand an den unteren Rand des Nabels. Spreizen Sie die parallel nebeneinander gelegten Finger ab, bis die Fingerspitzen auf dem Schambein ruhen. Ziehen Sie den Nabel bis auf 100 % ein und nach oben – auf die Wirbelsäule zu und von Ihrer Hand weg. Entspannen Sie ihn dann zur Hälfte wieder bis zu 50 %, wobei Sie Ihre gestreckte Haltung beibehalten. Entspannen Sie den Bauch jetzt noch etwas, und Sie sind bei 30 %: Dabei sollten Sie sich mit dem Zentrum verbunden, aber nicht angespannt fühlen, vielmehr in einer Haltung, die Sie den ganzen Tag über beibehalten könnten, bei allem, was Sie tun.

Den Beckenboden aktivieren

Die Beckenbodenmuskulatur ist ein wichtiges Element zur Stabilisierung der Wirbelsäule, das mit dem queren Bauchmuskel zusammenarbeitet. Eine sanfte Kontraktion genügt, um den Beckenboden zu aktivieren – dabei nicht die Pobacken zusammenkneifen, um eine Anspannung zu fühlen. Legen Sie sich auf den Rücken, und legen Sie die Hand auf den Unterbauch. Sanft ausatmen und die Beckenbodenmuskeln hochziehen – dabei spüren Sie, wie sich der quere Bauchmuskel zusammenzieht.

Neutrales Becken

Das Becken ist eine zentrale Stütze des Körpers – Ihre Wirbelsäule ruht auf ihm, und Ihre Beine sind an ihm aufgehängt. Daher sollten Sie im Hinblick auf die optimale Bewegung das Becken in die bestmögliche Haltung bringen – die so genannte „Neutralposition".

Um die ideale Position zu ermitteln, legen Sie sich auf den Rücken, die Knie im 45°-Winkel gebeugt, die Füße flach auf dem Boden, den Körper entspannt. Legen Sie Ihre Hände in Form eines Dreiecks auf den Bauch, sodass Ihre Daumen auf Nabelhöhe die Grundlinie des Dreiecks bilden und Ihre zum Schambein abgespreizten Finger die Spitze. Wenn das Becken in der richtigen Haltung ist, sollten Ihre Handflächen flach auf den Muskeln des Unterbauchs ruhen und Ihre Hüftknochen symmetrisch zu beiden Seiten Ihrer Hände positioniert sein. Wenn Ihre Finger höher liegen als die Daumen, ist Ihr Becken nach hinten, im umgekehrten Fall nach vorn gekippt. Wenn Ihr Becken in Neutralposition ist, liegen Ihre Hände völlig waagerecht, und Ihre Wirbelsäule ist weder flach an den Boden gedrückt noch zur Decke gewölbt. Die Beckenkippübung auf Seite 64–65 hilft Ihnen besonders gut, diese Position zu finden.

Bauchmulde

Die Bauchmulde entsteht durch Zusammenziehen der tief liegenden Bauchmuskeln bei richtiger Atmung. Atmen Sie sanft ein und aus. Beim Einatmen sollten Sie spüren, wie sich die Rippen nach den Seiten und nach hinten bewegen. Wenn Sie beim Ausatmen den Nabel nach innen und oben zur Wirbelsäule ziehen, sollten Sie spüren, wie sich die Rippen wie auf Schienen wieder nach innen und auf die Hüften zu bewegen. Wenn Sie zu heftig ausatmen, aktivieren Sie die äußeren schrägen Bauchmuskeln, was zur kuppelförmigen Vorwölbung des Bauchs führt – gewiss nicht das gewünschte Resultat! Machen Sie hierzu folgende Übung:

1 **SCHRITT EINS**

Stehen oder sitzen Sie bequem, und „verlängern" Sie die Wirbelsäule durch den Scheitel zur Decke und durch das Steißbein zum Boden.

2 **SCHRITT ZWEI**

Ziehen Sie die Schultern zu den Ohren hoch, und rollen Sie sie dann sanft nach hinten, sodass Ihre Schulterblätter nach unten Richtung Becken gleiten.

3 **SCHRITT DREI**

Mit entspannten Schultern eine Hand auf jede Seite des Brustkorbs legen, sodass die Fingerspitzen auf der unteren Öffnung des Brustkorbs ruhen. Dann sanft einatmen und spüren, wie sich der Brustkorb dabei nach den Seiten weitet.

4 **SCHRITT VIER**

Mit entspanntem Kiefer sanft seufzend durch den geöffneten Mund ausatmen. Den Beckenboden nach oben und den Nabel nach hinten zur Wirbelsäule ziehen – bis auf 30 %. Dabei bewegen sich die Rippen nach innen zum Zentrum und etwas nach unten, sodass eine Mulde entsteht. Zum „H"-Laut von „hoffen" ausatmen, den Mund öffnen und den Unterkiefer senken – das bewahrt Sie davor, die Luft heftig auszustoßen oder durch zusammengepresste Lippen zu pressen.

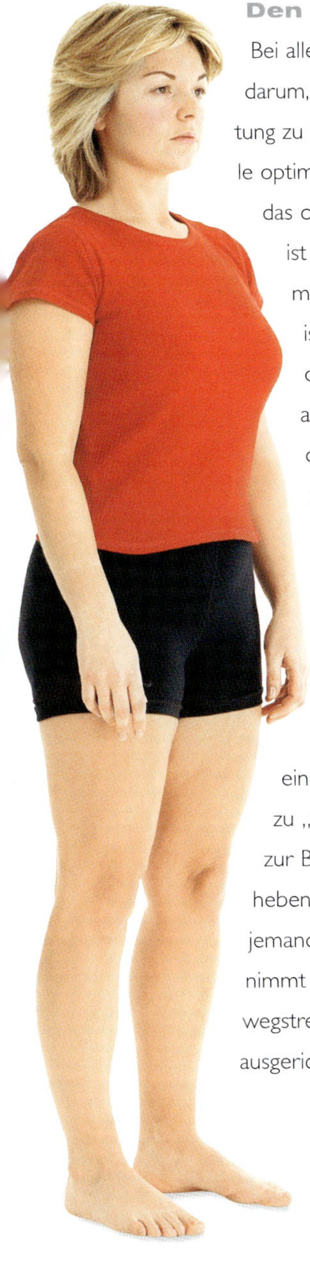

Den Hals verlängern

Bei allen Pilates-Übungen geht es darum, den Körper in die ideale Haltung zu bringen, bei der die Wirbelsäule optimal ausgerichtet ist. Der Hals – das obere Ende der Wirbelsäule – ist dabei ein sehr wichtiges Element. Seine korrekte Ausrichtung ist besonders wichtig, wenn Sie den Oberkörper vom Boden aufrichten. Es ist verführerisch, dabei das Kinn gegen die Brust zu drücken oder, noch schlimmer, den Kopf wie einen Kannendeckel mit Scharnier nach hinten überhängen zu lassen.

Um den Hals – als Vorbereitung der richtigen Beugung des Oberkörpers – aus einem starken Zentralkern heraus zu „verlängern", das Kinn nur leicht zur Brust beugen, ohne den Kopf zu heben – es sollte sich anfühlen, als ob jemand Ihren Kopf in beide Hände nimmt und sanft von den Schultern wegstreckt. So bleibt Ihr Hals richtig ausgerichtet.

Der Blick

Wenn Sie beim Gehen zu Boden blicken, ist Ihr Kopf gesenkt und Ihre Haltung vornüber gebeugt – wenn Sie aufschauen und auf den Horizont blicken, stehen Sie aufrecht und gerade, sodass Kopf und Nacken eine Linie mit der Wirbelsäule bilden: perfekt!

Ihren Blick bei Ausführung der Pilates-Übungen auf den Horizont zu richten, macht Ihre Bewegungen fließender und hilft Ihnen, richtig ausgerichtet zu bleiben. Wenn Sie z. B. eine Rumpfbeuge aus dem Liegen machen und dabei den Blick zur Decke richten, fällt Ihr Kopf nach hinten und übt Druck auf Nacken und Wirbelsäule aus. Wenn Sie Ihren Blick bei der Bewegung dem Horizont folgen lassen, sodass er am oberen Ende der Bewegung auf Kniehöhe nach vorn gerichtet ist, bleiben Kopf und Hals optimal ausgerichtet. Es wird Ihnen immer leichter fallen, Ihren Blick korrekt auszurichten, wenn Ihr Zentrum stärker und stabiler wird. Ihr Zentrum wiederum wird stärker, wenn Sie es seine Arbeit tun lassen und diese nicht anderen Muskelgruppen überlassen, indem Sie Ihren Blick falsch ausrichten.

Visualisierung und Feedback

Visualisierung

„Wir erschaffen etwas immer zuerst in gedanklicher Form. Fantasie ist die Fähigkeit, eine Idee oder ein Bild geistig entstehen zu lassen. Beim kreativen Visualisieren benutzt du deine Vorstellungskraft, um ein klares Bild von etwas zu erzeugen, dessen Manifestation du dir wünschst. Konzentriere dich immer wieder auf eine Idee oder ein Bild."

Shakti Gawain, *Stell dir vor*

Etwas zu visualisieren bedeutet, ein inneres Bild des gewünschten Zustands zu entwerfen und es als konstante Quelle der Inspiration und Motivation im Kopf zu behalten. Falls Ihnen das zu abgehoben klingt, überlegen Sie, wie oft Sie Dinge visualisieren, ohne es sich bewusst zu machen. Sie schauen sich z. B. in Ihrem Wohnzimmer um und finden es schäbig und renovierungsbedürftig. Sie würden die verhasste Blümchentapete gern durch einen schlichten Anstrich ersetzen. Statt der altmodischen Garnitur hätten Sie lieber zwei neue Sofas. Der alte Kram müsste sortiert und ordentlich verstaut werden. Neue Vorhänge und eine hübsche Vase mit frischen Blumen statt der kränkelnden Topfpflanze könnten das Bild abrunden. Sehen Sie? Sie haben ein klares geistiges Bild der gewünschten Veränderungen geschaffen! Wahrscheinlich wird Sie die Idee nicht loslassen, bis Ihr aufgemöbeltes Wohnzimmer Realität wird.

Probieren Sie diese Technik doch mal an sich selbst aus, und visualisieren Sie ein neues Ich. Schauen Sie sich das abgespannte alte Ich an, mit seinen Belastungen, Beschwerden und Schmerzen, die sich in Gesicht und Körperhaltung spiegeln. Dann stellen Sie sich das neue Ich vor: aufrecht und selbstbewusst, schlank und geschmeidig, frei von Stress und Beschwerden, voller Gesundheit und Lebenskraft. Was Joseph Pilates geschafft hat, können auch Sie schaffen. Halten Sie das Bild in Ihrem Kopf fest, und konzentrieren Sie sich beim Pilates-Training darauf. Hängen Sie Ihr – im Moment vielleicht etwas zu enges – Lieblingskleidungsstück so auf, dass Sie es beim Trainieren sehen. Stellen Sie sich vor, wie Sie darin eine bessere Figur machen als je zuvor. Oder machen Sie vor Trainingsbeginn und dann in regelmäßigen Abständen Fotos von sich – als Erfolgsmesser und Motivationsquelle!

Biofeedback und Körperwahrnehmung

Biofeedback unterstützt die Verbindung zwischen Körper und Geist. Die meisten von uns bewegen sich ohne Vorstellung durchs Leben, wie sich die Verbindung zum Körper oder die richtige Kontraktion eines Muskels anfühlen sollte.

So bekommen Sie ein besseres Bewusstsein dafür, wie sich eine Bewegung auf andere Teile des Körpers auswirkt: Legen Sie sich flach auf den Rücken und dann die Hände dreieckförmig auf den Bauch; die Daumen bilden auf Nabelhöhe die Grundlinie des Dreiecks, die zum Schambein abgespreizten Finger die Spitze. Stellen Sie sich vor, Sie balancieren ein Wasserglas auf dem Dreieck. Ziehen Sie jetzt den Nabel in einer sanften, kontrollierten Bewegung zur Wirbelsäule. Sie spüren die Bewegung unter Ihren Händen, aber achten Sie auf Becken und Hüften – wenn sie nicht waagerecht und stabil bleiben, schwappt das imaginäre Wasserglas über!

Halten Sie diese Körper-Geist-Verbindung für die Dauer jeder Übung: Sie liefert Ihnen ein konstantes Feedback über den Teil Ihres Körpers, mit dem Sie gerade arbeiten, und die Auswirkung jeder Bewegung auf den übrigen Körper.

Vorbereitung

Unten
Führen Sie Ihre Pilates-Übungen in leichter, bequemer Kleidung und am besten barfuß aus, damit Sie sich völlig ungehindert bewegen können.

Umgebung

Für Ihr Pilates-Training brauchen Sie einen ruhigen, gemütlichen Ort, an dem Sie ungestört sind. Ideal wäre eine Zeit, in der Sie allein zu Hause sind – ignorieren Sie Telefon und Klingel, und konzentrieren Sie sich ganz auf sich selbst. Wenn Sie immer gleichzeitig mit anderen Familienmitgliedern zu Hause sind, bestehen Sie darauf, etwas Zeit für sich zu reservieren – das geht am einfachsten, wenn Sie regelmäßig zur gleichen Zeit trainieren. Der Raum, in dem Sie trainieren, sollte warm, aber gut belüftet sein und Ihnen genug Platz bieten, um mit ausgestreckten Armen auf dem Boden zu liegen.

Sie brauchen keine besondere Ausrüstung, nur eine gepolsterte Sportmatte oder einen dicken Teppich bzw. eine gefaltete Decke zum Schutz Ihrer Wirbelsäule. Ein großer Spiegel ist recht nützlich, um Ihre Haltung laufend kontrollieren zu können – was man zu tun glaubt und was man tatsächlich tut, ist nämlich nicht immer das Gleiche!

Kleidung

Wählen Sie leichte, bequeme Kleidung, die Sie nicht einengt – bequem sitzende Leggings oder Radler-Shorts und dazu ein T-Shirt oder Trikot-Oberteil sind ideal, da sie sich jeder Bewegung flexibel anpassen Trainieren Sie am besten barfuß, aber wenn es Ihnen lieber ist, können Sie auch Socken tragen.

Wann Sie am besten trainieren ...

Sie können Ihr Pilates-Training zu jeder Tageszeit ausführen, und jede Zeit hat ihre Vorteile. Morgens kann Pilates Sie wunderbar in Schwung bringen – gerade, wenn Sie eigentlich ein Morgenmuffel sind –, und abends ist es sehr entspannend. Richten Sie sich nach Ihrer persönlichen Vorliebe und natürlich danach, wann Sie am ehesten etwas Zeit für sich haben.

Wenn Sie morgens trainieren, achten Sie besonders darauf, sich vorher gut aufzuwärmen, da Ihre Muskeln noch nicht richtig mobilisiert sind, und sorgen Sie immer dafür, dass Sie genügend Zeit haben, sich voll und ganz auf Ihre Übungen zu konzentrieren.

... und wann nicht

Trainieren Sie nicht, wenn Sie sich unwohl fühlen oder von einer Krankheit noch nicht völlig erholt sind. Verzichten Sie auch auf körperliches Training nach üppigen Mahlzeiten, Alkoholkonsum oder Einnahme von Schmerzmitteln, die etwaige Warnzeichen einer Verletzung überdecken können.

Sie sollten nicht frieren oder angespannt sein, wenn Sie mit dem Training beginnen. Atmen Sie einige Minuten tief durch, um Stress abzubauen – stellen Sie sich vor, dass Sie beim Ausatmen Stress ablassen und beim Einatmen Ruhe einsaugen.

Einige Minuten zügiges Gehen auf der Stelle oder ein kurzer, energischer Spaziergang bei gutem Wetter im Freien helfen, mentale und körperliche Anspannung zu lösen. Gleichzeitig regt dies die Durchblutung an und wärmt Sie auf – wenn Sie mit kalten Gelenken und Muskeln trainieren, ist das Verletzungsrisiko wesentlich höher. Nehmen Sie zum Aufwärmen aber keinesfalls ein warmes Bad, das die Muskeln entspannt, statt die Durchblutung anzukurbeln.

Vorsichtsmaßnahmen

Obwohl Pilates eine sichere Trainingsform für Menschen jeder Altersstufe ist, sind vorab einige Fragen zu berücksichtigen. Wie bei jedem Trainingsprogramm sollten Sie vor Beginn Ihren Arzt konsultieren, falls Sie wegen eines medizinischen Problems in Behandlung, körperlich untrainiert oder schwanger sind, die Wechseljahre hinter sich haben oder an schweren Menstruationsbeschwerden leiden.

Aufwärmübungen

Einleitung

Diese Aufwärmübungen helfen Ihnen, geistige und körperliche Anspannung abzubauen, bevor Sie mit Ihrer Pilates-Sitzung beginnen. Außerdem mobilisieren und stabilisieren sie den Zentralkern und dehnen alle Muskeln als Vorbereitung auf die anspruchsvolleren Übungen. Unabhängig davon, auf welcher Stufe Sie trainieren, sollten Sie Ihre Sitzung immer mit diesen Aufwärmübungen beginnen.

Wenn Sie noch gar keine Pilates-Erfahrung haben, können Sie sich in den ersten ein oder zwei Wochen auf die Aufwärmübungen beschränken und so anfangen, die im vorigen Kapitel erlernten Techniken und Prinzipien in die Praxis umzusetzen. Diese sanften Übungen werden Ihnen bewusst machen, wie wichtig es ist, den starken, stabilen Zentralkern zu entwickeln, von dem alle Bewegungen ausgehen, und Sie lehren, Schultergürtel, Wirbelsäule und Becken in der Neutralposition zu entspannen, Beckenboden und Bauchmuskulatur anzuspannen, die seitliche Brustkorbatmung anzuwenden und an den richtigen Punkten der Übung ein- und auszuatmen.

Wiederholen Sie anfänglich jede Bewegung nur drei- bis fünfmal (ggf. auf jeder Körperseite) und beobachten Sie dabei sorgfältig die Reaktionen Ihres Körpers. Mit zunehmender Übung können Sie die Zahl der Wiederholungen bei jeder Sitzung um eine erhöhen – bis auf maximal zehn. Arbeiten Sie entspannt und konzentriert, langsam und stetig und befolgen Sie dabei die Anweisungen genau. Versuchen Sie nicht, zu früh zu weit zu gehen – Sie machen laufend Fortschritte, auch wenn es Ihnen vielleicht nicht so vorkommt. Denken Sie immer an die Grundprinzipien und achten Sie auf „Qualität".

Auch wenn Sie relativ untrainiert sind und sich deshalb vielleicht etwas steif und unbeweglich fühlen, kann es eine gute Idee sein, sich eine Weile nur an die Aufwärmübungen zu halten. Am Anfang erscheint Ihnen dieses Stadium vielleicht schon anstrengend genug, aber sobald Sie Ihre Gelenke gelockert und Ihren Muskeltonus etwas verbessert haben, werden Sie bereit sein, die nächste Stufe in Angriff zu nehmen.

Die Aufwärmübungen sind ideal, um Sie morgens früh zu mobilisieren – keine Katze, die etwas auf sich hält, würde nach ausgedehntem Schlaf einfach aufstehen, ohne sich erst einmal ausgiebig zu recken und zu strecken! Diese Übungen sind auch eine rasche und effektive Methode, die körperlichen und geistigen Spannungen zu lösen, die sich im Laufe eines hektischen Tags ansammeln. Absolvieren Sie die Aufwärmübungen aber nie im „Schnelldurchgang", sondern immer mit voller Konzentration und ganzer Aufmerksamkeit.

Egal, auf welcher Stufe Sie trainieren, achten Sie darauf, positiv zu denken und während des Trainings konstant Ihr Ziel zu visualisieren: In Ihnen steckt ein gesundes, kraftvolles und selbstbewusstes neues Ich, das es zu entdecken und zu erhalten gilt!

Konzentriert atmen

Ziel: Konzentration auf Haltung und Atmung

Gut für: den Geist und den gesamten Körper

1 SCHRITT EINS

Stehen Sie aufrecht, Schultern und Wirbelsäule in Neutralposition, Füße hüftbreit auseinander, Knie locker, Arme lose hängen lassen.

2 SCHRITT ZWEI

Schließen Sie die Augen, und konzentrieren Sie sich auf Ihre Atmung. Durch die Nase einatmen und die reine, belebende Luft visualisieren, die Ihre Lungen füllt.

3 SCHRITT DREI

Ausatmen: Lassen Sie alle verbrauchte Luft aus dem Körper strömen. So weiteratmen; der Körper bleibt dabei entspannt.

Am Anfang fünfmal ein- und ausatmen; später auf bis zu zehnmal steigern.

Schultern heben

Ziel: Anspannung in Nacken und Schultern lösen

Gut für: Schultern, Nacken und Oberkörper

SCHRITT EINS

Stehen Sie aufrecht, Schultergürtel und Wirbelsäule in Neutralposition, Füße hüftbreit auseinander, Knie locker, Arme lose hängen lassen. Konzentriert atmen.

2 **SCHRITT ZWEI**

Einatmen und die Schultern zu den Ohren hochziehen.

3 **SCHRITT DREI**

Wieder ausatmen und die Schulterblätter in Neutralposition ziehen. Die Übung anfänglich fünfmal, später bis maximal zehnmal ausführen.

Abrollen

Ziel: Wirbelsäule mobilisieren, verbinden mit dem Zentrum

Gut für: Wirbelsäule, Schultern und Oberkörper

1 **SCHRITT EINS**

Aufrecht stehen, Schultergürtel und Wirbelsäule in Neutralposition. Füße hüftbreit auseinander, Knie locker, Arme lose hängen lassen. Augen schließen und auf die Atmung konzentrieren.

2 **SCHRITT ZWEI**

Einatmen und die Wirbelsäule lang machen.

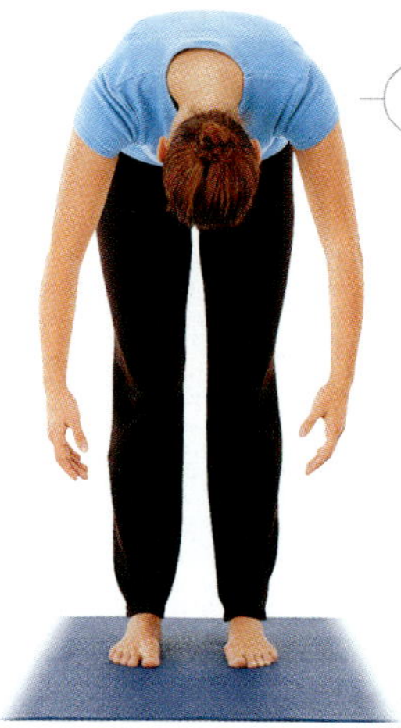

3 **SCHRITT DREI**

Ausatmen, Beckenboden und queren Bauchmuskel anspannen, Nabel um 30 % zur Wirbelsäule ziehen. Neigen Sie das Kinn leicht zur Brust, und beugen Sie sich dann langsam vornüber; der Brustkorb bleibt locker. Spüren Sie, wie sich jeder Wirbel einzeln abrollt.

4 **SCHRITT VIER**

Nur so weit abrollen, wie es f Sie angenehm ist – gehen Sie am Anfang nicht zu weit. Am teren Ende der Bewegung ei men. Spüren Sie, wie die Luft den Rücken geht. Beckenbode und Bauchmuskulatur bleiben dabei angespannt.

5 **SCHRITT FÜNF**

Wirbel für Wirbel wieder aufrollen. Am Ende der Bewegur ausatmen und die Schulterblätter in Neutralposition brin gen. Übung anfänglich fünfm später bis zu zehnmal ausführen.

Kopfdrehung

Ziel: Anspannung im Nacken lösen

Gut für: Nacken und Schultern

1 SCHRITT EINS

Stehen Sie aufrecht, Schultergürtel und Wirbelsäule in Neutralposition, Füße hüftbreit auseinander, Knie locker, Arme lose hängen lassen.

2 SCHRITT ZWEI

Zur Vorbereitung einatmen.

4 SCHRITT VIER

Einatmen und den Kopf wieder nach vorn drehen. Die Bewegung fünfmal in diese Richtung wiederholen.

3 SCHRITT DREI

Ausatmen, Beckenboden und queren Bauchmuskel anspannen, Nabel um 30 % zur Wirbelsäule ziehen. Den Kopf nach rechts drehen; der Blick bleibt dabei auf den Horizont gerichtet.

5 SCHRITT FÜNF

Die Bewegung fünfmal in die andere Richtung ausführen.

Körperdrehung

Ziel: Den ganzen Körper mobilisieren und die Koordination verbessern

Gut für: Wirbelsäule, Schultern, Hüften, Arme und Beine

1 SCHRITT EINS

Stehen Sie aufrecht, Schultergürtel und Wirbelsäule in Neutralposition, Füße etwas weiter als hüftbreit auseinander, Knie locker und Arme lose hängen lassen. Einatmen, dabei Beckenboden und queren Bauchmuskel anspannen, den Nabel um 30 % zur Wirbelsäule ziehen. Die Wirbelsäule lang machen.

2 SCHRITT ZWEI

Ausatmen und den Körper dabei zur Seite drehen. Die Arme lose mitschwingen lassen. Die Beine verdrehen sich bei dieser Bewegung ebenfalls.

3 SCHRITT DREI

Einatmen und den Körper zurück zur Mitte drehen.

4 **SCHRITT VIER**
Ausatmen und zur anderen Seite drehen.

5 **SCHRITT FÜNF**
Einatmen und zurück zur Mitte drehen.

6 **SCHRITT SECHS**
Die Arme von Drehung zu Drehung höher schwingen, bis über den Kopf, und dann allmählich wieder sinken lassen – alles in einer fortlaufenden, fließenden Bewegung. Drei Drehungen in jede Richtung ausführen, um bis ans obere Ende der Bewegung zu gelangen, und drei weitere Drehungen in jede Richtung, um die Arme wieder nach unten zu bringen.

Schneckenhaus

Ziel: Wirbelsäule dehnen und verlängern

Gut für: Wirbelsäule, Schultern, Nacken und Bauch

1 SCHRITT EINS

Auf alle Viere (Hände und Knie) gehen, die Knie unter den Hüften, die Arme in einer Linie mit den Schultern. Arme gestreckt, aber nicht durchgedrückt. Kopf zwischen die Arme hängen lassen.

2 SCHRITT ZWEI

Zur Vorbereitung einatmen.

3 SCHRITT DREI

Ausatmen, Beckenboden und queren Bauchmuskel anspannen, Nabel um 30 % zur Wirbelsäule ziehen. Den Po auf die Fersen sinken lassen; die Arme bleiben locker ausgestreckt auf dem Boden, der Kopf sinkt zwischen die Ellenbogen. Diese Stellung 20 Sekunden halten, dabei ein- und ausatmen und die Verbindung zum Zentrum halten. Spüren Sie, wie sich die Wirbelsäule beim Einatmen verlängert.

STEIGERUNG

Wenn Sie mit dieser Übung gut zurechtkommen, steigern Sie die Intensität der Dehnung. Von Schritt 3 ausgehend, den Po von den Fersen heben und die Hände 15–20 cm nach vorn „wandern" lassen. Beide Hände flach auf dem Boden lassen, den Kopf zwischen die Ellenbogen senken und den Po Richtung Fersen sinken lassen. Dabei können Sie die Dehnung in Rücken und Schultern deutlich spüren.

4 SCHRITT VIER

Einatmen und den Po von den Fersen heben. Hände ca. 10 cm nach vorn schieben, ausatmen und den Po wieder auf die Fersen senken. Diese Stellung wieder etwa 20 Sekunden halten, ein- und ausatmen und die Verbindung zum Zentrum halten. Spüren Sie beim Einatmen die Dehnung der oberen Rückenpartie und der Schultern.

5 SCHRITT FÜNF

Ausatmen und entspannen.

Katzenbuckel 1

Ziel: Wirbelsäule mobilisieren und Stabilität verbessern

Gut für: Wirbelsäule, Schultern, Nacken und Bauch

1 SCHRITT EINS

Auf alle Viere (Hände und Knie) gehen. Wirbelsäule und Schultergürtel in Neutralposition, Knie unter den Hüften und Hände unter den Schultern. Arme gestreckt, aber nicht durchgedrückt.

2 SCHRITT ZWEI

Einatmen; den Körper dabei neutral halten.

3 SCHRITT DREI

Ausatmen, den Beckenboden anspannen und den Nabel zur Wirbelsäule ziehen. Bauchmuskeln zur besseren Unterstützung zur Wirbelsäule hineingezogen halten. Die Wirbelsäule – vom Steißbein beginnend – zum Buckel wölben.

4 SCHRITT VIER

Am oberen Ende der Bewegung einatmen.

5 **SCHRITT FÜNF**

Ausatmen und die Wirbelsäule in die Ausgangsstellung – Neutralposition – zurückkehren lassen.

6 **SCHRITT SECHS**

Zur Vorbereitung einatmen.

7 **SCHRITT SIEBEN**

Ausatmen und die Übung wiederholen. Beginnen Sie mit fünf Wiederholungen, die Sie später auf maximal zehn steigern.

Meerjungfrau

Ziel: Wirbelsäulendehnung und -beugung bei verbundenem Zentrum

Gut für: Schultern, Nacken, Wirbelsäule und Bauchmuskeln

1 **SCHRITT EINS**

Stehen Sie aufrecht, Schultergürtel und Wirbelsäule in Neutralposition, Füße hüftbreit auseinander, Knie locker, Arme lose hängen lassen.

2 **SCHRITT ZWEI**

Stehen Sie aufrecht und entspannt. Atmen Sie ein, und heben Sie den linken Arm seitlich bis über den Kopf; die Finger weisen zum Himmel. Den Arm bis in die Finger dehnen, dabei seine Kraft spüren.

3 SCHRITT DREI

Ausatmen und zur rechten Seite beugen. Das Becken bleibt dabei in Neutralposition, Kopf und Arm folgen der Wirbelsäule.

4 SCHRITT VIER

Einatmen und fließend wieder zur Mitte aufrichten; den Arm dabei gestreckt lassen.

5 SCHRITT FÜNF

Ausatmen und den Arm an den Körper zurücksinken lassen. Die Schulterblätter in die Neutralposition zurückgleiten lassen. Es soll keine Anspannung im Kopf-, Nacken- und Schulterbereich spürbar sein.

6 SCHRITT SECHS

Bewegung wiederholen; diesmal zur linken Seite. Insgesamt fünf Beugungen nach jeder Seite ausführen.

C-Bogen 1

Ziel: Wirbelsäule mobilisieren und Zentralkern kräftigen

Gut für: Wirbelsäule, Nacken, Schultern und Bauchmuskulatur

1 SCHRITT EINS

Setzen Sie sich mit gebeugten Knien auf den Boden, das Gewicht gleichmäßig auf beide Gesäßknochen verteilt, die Wirbelsäule in Neutralposition.

2 SCHRITT ZWEI

Legen Sie die Hände locker in die Kniekehlen. Das gibt Ihnen Halt und Feedback, aber Sie sollten bei der Übung keinen Zug auf Ihre Hände ausüben. Die Schultern entspannen, die Schulterblätter nach unten sinken lassen. Einatmen und spüren, wie sich der Brustkorb weitet und die Wirbelsäule verlängert.

VARIATION

Die Füße entspannen und die Zehen anheben, sodass nur die Fersen auf dem Boden ruhen. Das nimmt die Spannung aus den Hüftbeugemuskeln.

3 SCHRITT DREI

Ausatmen, dabei Beckenboden und queren Bauchmuskel anspannen. Nabel um 30 % zur Wirbelsäule, das Becken nach hinten zum Boden neigen.

4 SCHRITT VIER

Innehalten, einatmen und in die aufrechte Startposition zurückkehren. Die Bauchmuskeln zur besseren Unterstützung während der ganzen Bewegung zur Mulde eingezogen halten. Neigen Sie sich nur so weit zurück, wie es geht, ohne dass Ihre Muskeln zu zittern beginnen und Ihre Füße sich vom Boden heben. Die Übung anfänglich fünfmal, später bis zu zehnmal wiederholen.

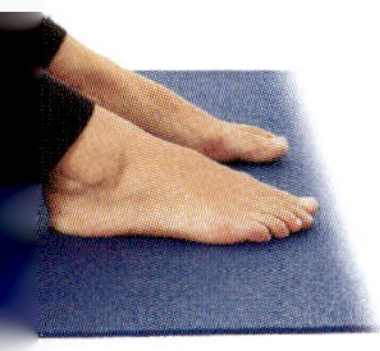

Rumpfdrehung 1

Ziel: Zentralkern kräftigen und stabilisieren

Gut für: Nacken, Bauch und Hüften

1 **SCHRITT EINS**

Legen Sie sich auf den Rücken, die Knie gebeugt, die Füße flach auf dem Boden. Arme rechtwinklig vom Körper wegstrecken, Handflächen auf dem Boden. Wirbelsäule und Schultergürtel in Neutralposition, Brustkorb entspannt. Bauchmuskeln und Beckenboden anspannen.

2 **SCHRITT ZWEI**

Tief und weit einatmen.

3

SCHRITT DREI

Ausatmen, dabei die Knie nach rechts senken. Den Kopf leicht nach links neigen, beide Schultern am Boden, die Schulterblätter in Neutralposition. Einatmen.

4

SCHRITT VIER

Ausatmen, dabei die Knie wieder aufrichten.

5

SCHRITT FÜNF

Bewegung in die andere Richtung wiederholen. Die Übung nach jeder Seite fünfmal ausführen.

Schultern hochziehen

Ziel: Beim Aufwärmen in den Schultern entstandene Anspannung lösen

Gut für: Schultern, Nacken und Wirbelsäule

1 SCHRITT EINS

Legen Sie sich auf den Rücken, die Knie gebeugt, die Füße flach auf dem Boden. Die Arme rechtwinklig vom Körper wegstrecken, Handflächen auf dem Boden. Brustkorb entspannen.

2 SCHRITT ZWEI

Wirbelsäule und Schultergürtel in Neutralposition entspannen. Bauchmuskeln und Beckenboden anspannen.

3 **SCHRITT DREI**

Einatmen, dabei die Schultern zu den Ohren hochziehen.

4 **SCHRITT VIER**

Ausatmen und die Schulterblätter in Neutralposition ziehen. Anfänglich fünf, später maximal zehn Wiederholungen.

Einführungs-
übungen

Einleitung

Wenn Sie so weit sind, mit dieser Einführungsstufe zu beginnen, sollten Sie etwa sechs bis acht Wochen lang mindestens zweimal pro Woche zuerst die Aufwärm- und dann die Einführungsübungen trainieren. Wiederholen Sie anfänglich jede Übung nur drei- bis fünfmal (ggf. auf jeder Körperseite) und steigern Sie sich langsam und stetig auf maximal zehn Wiederholungen.

Einige Übungen dieses Kapitels sind Ihnen bereits von der Aufwärmstufe her vertraut; sie unterstützen die Stärkung und Stabilisierung des Zentralkerns. Lesen Sie jede Übung genau durch, damit Sie sie richtig verstehen, bevor Sie anfangen, die Schritte durchzuarbeiten. Gehen Sie es langsam an und achten Sie immer darauf, an den richtigen Punkten ein- und auszuatmen und die Verbindung zum Zentrum zu halten – das vergisst man leicht, wenn man sich auf die Einzelheiten einer Übung konzentriert. Achten Sie auch darauf, die Bewegungen präzise auszuführen!

Hier begegnen Ihnen erstmals die Pilates-Beinübungen. Sie sind sehr effektiv und versprechen bei richtiger Ausführung fantastische Ergebnisse im Hüft- und Oberschenkelbereich. Zur richtigen Ausführung gehört die korrekte Ausrichtung des Körpers, indem man das Becken in Neutralposition hält und die Hüften parallel übereinander lagert. Schwingen Sie das Bein nicht nur gedankenlos auf und ab, sondern achten Sie darauf, die Bewegung bewusst zu erleben und wirklich zu spüren, wie der Muskel Ihr Bein hebt und senkt. Für eine optimal kontrollierte Auf- und Abbewegung hilft es, sich vorzustellen, dass Sie gegen einen Widerstand – z. B. sanft fließendes Wasser – arbeiten.

Befolgen Sie einige simple Regeln, um den Körper bei Beinübungen in Seitenlage richtig ausgerichtet zu halten:

- Wenn Sie einen Arm nach oben wegstrecken und ein oder beide Beine bis in die Zehen gestreckt halten, sollte Ihr Körper von den Fingerspitzen bis zu den Zehen eine gerade Linie bilden – ohne Anspannung in der Schulterpartie.
- Achten Sie darauf, die Hüften parallel übereinander zu lagern und nicht nach vorn oder hinten zu kippen. Die obere Hand über den Nabel legen und mit den Fingerspitzen den Boden berühren: Das sorgt für Feedback und Stabilisierung.
- Die obere Schulter entspannt halten, das Schulterblatt in Richtung Becken gleiten lassen – die Schulter soll während

der Übung so ruhig gehalten werden, dass man auf ihr ein Glas Wasser sicher abstellen könnte!

- Knicken Sie das untere Knie im rechten Winkel nach hinten ab, um sich zu stabilisieren (mit zunehmender Übung und Stabilität können Sie den Winkel bis auf ein Minimum reduzieren).
- Die Auf- und Abbewegungen des Beins nicht übertreiben – heben Sie es bis auf etwa 30° und senken Sie es dann bis auf Hüfthöhe.
- Den Körper ruhig halten und nur das trainierte Bein bewegen.
- Verbindung zum Zentrum halten: den Beckenboden angespannt und den Nabel zur Wirbelsäule gezogen. Die Bauchmuskulatur nicht versehentlich entspannen.

Atmung 1

Ziel: queren Bauchmuskel durch Atmung aktivieren, um den Zentralkern zu stärken

Gut für: queren Bauchmuskel, vielgespaltenen Rückenmuskel und Beckenboden

1 **SCHRITT EINS**

Legen Sie sich auf den Rücken, die Knie im 45°-Winkel gebeugt, die Füße hüftbreit auseinander flach auf dem Boden, Schultergürtel in Neutralposition. Die Hände flach auf beide Seiten des Brustkorbs legen.

2 **SCHRITT ZWEI**

Tief einatmen. Spüren Sie, wie Ihr Brustkorb sich weitet und die Atemluft in Rücken und Seiten strömt.

SCHRITT DREI

Ausatmen, dabei sanft den Beckenboden hochziehen und den queren Bauchmuskel anspannen (30 %). Spüren Sie, wie Ihr Brustkorb sich nach innen und unten bewegt und entspannt.

HINWEIS

Viele Pilates-Übungen werden in Rückenlage ausgeführt. Durch diese Übungen lernen Sie, in der Rückenlage entspannt zu bleiben und richtig zu atmen.

4 **SCHRITT VIER**

Konzentriert so weiteratmen. Anfänglich fünfmal ein- und ausatmen, später bis auf zehnmal steigern.

5 **SCHRITT FÜNF**

Achten Sie darauf, sanft zu atmen. Mit entspanntem Kiefer durch den Mund ausatmen, statt die Luft durch gepresste Lippen zu stoßen.

Beckenkippübung 1

Ziel: Diese Übung soll Ihnen helfen, in Rückenlage zur Neutralposition der Wirbelsäule zu finden.

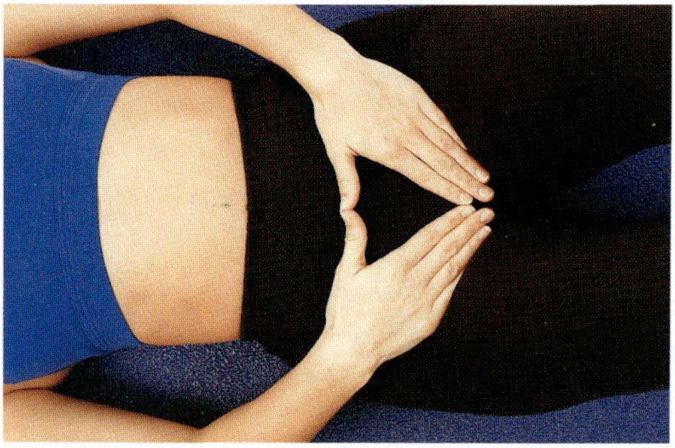

1 SCHRITT EINS

Legen Sie sich auf den Rücken, die Knie im 45°-Winkel gebeugt, die Füße flach auf dem Boden. Legen Sie Ihre Hände dreieckförmig auf den Bauch, sodass die Daumen knapp unter dem Nabel die Grundlinie des Dreiecks bilden und Ihre zum Schambein abgespreizten Finger dessen Spitze (das gibt Ihnen Feedback bei Ausführung der Übung). Schultergürtel und Wirbelsäule entspannt und neutral halten.

2 SCHRITT ZWEI

Tief und weit einatmen. Spüren Sie, wie Ihr Brustkorb sich weitet und die Luft in Rücken und Seiten strömt.

3 SCHRITT DREI

Ausatmen, dabei Beckenbodenmuskeln und queren Bauchmuskel anspannen. Ziehen Sie gleichzeitig das Schambein in Richtung Nabel, und kippen Sie das Becken sanft auf sich zu, sodass sich das Steißbein vom Boden abrollt. Um die Haltung der Unterbauchmuskulatur vom Nabel bis zum Schambein richtig zu erspüren, stellen Sie sich diese Bewegung als ein „Ziehen" von vorn, nicht als „Schieben" von hinten vor.

HINWEIS

Diese Übung soll Ihnen helfen, Ihre Wirbelsäule in Rückenlage in die Neutralposition zu bringen.

4 **SCHRITT VIER**

Einatmen und das Becken in Neutralposition entspannen.

5 **SCHRITT FÜNF**

Ausatmen und den Rücken leicht wölben.

6 **SCHRITT SECHS**

Einatmen und das Becken in Neutralposition entspannen.

7 **SCHRITT SIEBEN**

Die Ein- und Ausatmungsphasen anfänglich je fünfmal, später bis maximal zehnmal wiederholen. Darauf achten, dass das Becken jedes Mal richtig in die Neutralposition zurückkehrt.

Unterbauchübung 1

Ziel: Zentralkern stärken

Gut für: Unterbauchmuskulatur

1 **SCHRITT EINS**

Legen Sie sich auf den Rücken, die Knie im 45°-Winkel gebeugt, Füße hüftbreit auseinander und flach auf dem Boden. Die Arme mit den Handflächen nach unten neben den Körper oder wie in der vorigen Übung dreieckförmig auf den Bauch legen. Schultergürtel und Wirbelsäule neutral halten.

2 **SCHRITT ZWEI**

Tief und weit einatmen.

HINWEIS

Eine anspruchsvolle Übung, weil Sie die Verbindung zum Zentrum halten und gleichzeitig entspannt atmen müssen. Achten Sie darauf, die Beckenkippung durch Anspannung der Unterbauchmuskulatur, nicht des Gesäßmuskels *(Gluteus maximus)*, auszuführen.

3 SCHRITT DREI

Ausatmen, Beckenboden hochziehen, Nabel um 30 % zur Wirbelsäule ziehen. Ziehen Sie gleichzeitig das Schambein zum Nabel, und kippen Sie unter Einsatz der Unterbauchmuskulatur das Becken auf sich zu, sodass sich das Steißbein vom Boden abrollt. Dies ist wiederum ein „Ziehen" von vorn, kein „Schieben" von hinten.

4 SCHRITT VIER

Einatmen und die Kippung beibehalten; die Kontraktion des queren Bauchmuskels bleibt bei 30 %.

5 SCHRITT FÜNF

Ausatmen und in die Neutralposition zurückrollen.

6 SCHRITT SECHS

Die Übung anfänglich fünfmal, später bis maximal zehnmal wiederholen. Die Position jeweils für die Dauer von einmal Ein- und Ausatmen halten; der Unterbauch bleibt dabei zur Mulde angespannt. Wenn Sie die Übung beherrschen, können Sie die Position zwei Ein- und Ausatmungsphasen lang halten und sich allmählich bis auf jeweils zehn Phasen steigern.

Bauchübung 1

Ziel: Wirbelsäule dehnen und Zentralkern stärken

Gut für: Nacken, Schultern, Wirbelsäule und Bauchmuskulatur

1 SCHRITT EINS

Legen Sie sich auf den Rücken, die Knie im 45°-Winkel gebeugt, die Füße in einer Linie mit den Knien. Arme mit den Handflächen nach unten neben den Körper legen. Machen Sie den Hals lang, und entspannen Sie den Oberkörper. Den Schultergürtel neutral halten.

2 SCHRITT ZWEI

Einatmen und den Hals noch mehr „verlängern", indem Sie das Kinn leicht zur Brust beugen. Dabei das Kinn nicht gegen die Brust drücken und den Kopf nicht heben – stellen Sie sich einfach vor, dass sich Ihr Nacken auf dem Boden verlängert.

3 **SCHRITT DREI**

Ausatmen, Beckenboden anspannen und Nabel um 30 % zur Wirbelsäule ziehen. Beugen Sie sich leicht vor, sodass sich Kopf und Schultern vom Boden abrollen und der Brustkorb sich zum Becken neigt. Die Arme vom Boden heben, sodass sie auf einer Höhe mit den Schultern sind. Achten Sie darauf, dass Beckenboden und querer Bauchmuskel angespannt bleiben, der Nabel zur Wirbelsäule gezogen und die Wirbelsäule in Neutralposition bleibt. Die Bewegung wird nicht von Kopf und Schultern eingeleitet, sondern erfolgt aus dem Zentrum heraus.

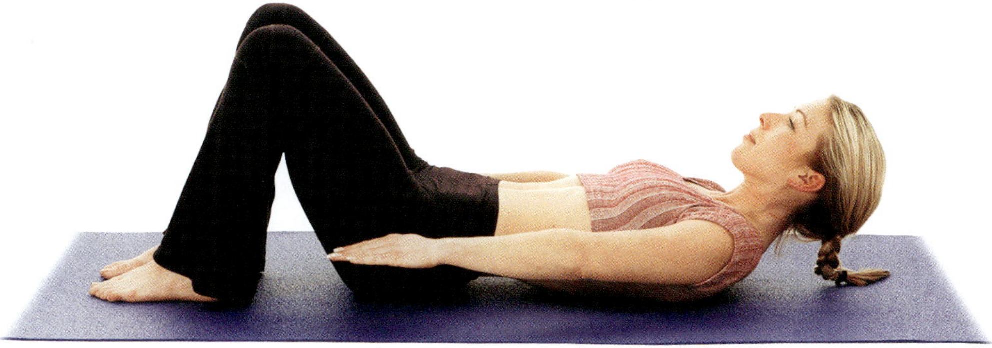

4 **SCHRITT VIER**

Einatmen, dabei die Beugung halten. Der Beckenboden bleibt hochgezogen, Nabel zur Wirbelsäule. Konzentrieren Sie sich nach vorn, auf die zur Mulde angespannte Bauchmuskulatur.

5 **SCHRITT FÜNF**

Ausatmen, dabei den Körper langsam auf den Boden zurückrollen. Die Übung anfänglich fünfmal wiederholen; später auf höchstens zehnmal steigern.

Hüftstreckung

Ziel: Becken stabilisieren

Gut für: Verbindung zum Zentrum sowie Hüftbeuge- und -streckmuskeln

1 SCHRITT EINS

Legen Sie sich auf den Rücken, die Knie im 45°-Winkel gebeugt, die Füße flach auf dem Boden. Arme mit den Handflächen nach unten neben den Körper legen. Schultergürtel und Wirbelsäule neutral halten. Beckenboden anspannen, Nabel zur Wirbelsäule ziehen.

2 SCHRITT ZWEI

Tief und weit einatmen.

3 **SCHRITT DREI**

Ausatmen, Nabel nach innen und oben ziehen. Dabei ein Bein vom Körper wegschieben, bis es ganz gestreckt ist. Die Ferse bleibt am Boden.

STEIGERUNG

Wenn Sie die Übung sicher beherrschen und Ihre Stabilität verbessert haben, können Sie die Beine abwechselnd ausstrecken. Sie müssen aber so stabil sein, dass Ihr Becken dabei nicht kippt.

4 **SCHRITT VIER**

Einatmen, das Bein gestreckt halten.

5 **SCHRITT FÜNF**

Ausatmen, Nabel nach innen und oben ziehen, das Bein anziehen – zur 45°-Beugung.

6 **SCHRITT SECHS**

Die Übung fünfmal wiederholen, dann zum anderen Bein wechseln. Später bis auf maximal zehn Wiederholungen pro Bein steigern.

Hüftbeugung

Ziel: Becken stabilisieren, Unterbauch kräftigen, Hüften mobilisieren

Gut für: queren Bauchmuskel sowie Hüftbeuge- und -streckmuskeln

1 SCHRITT EINS

Liegen Sie auf dem Rücken, Knie im 45°-Winkel gebeugt, Füße flach auf dem Boden, Arme mit den Handflächen nach unten neben dem Körper, Schultergürtel und Wirbelsäule in Neutralposition. Beckenboden anspannen und Nabel zur Wirbelsäule ziehen.

2 SCHRITT ZWEI

Tief und weit einatmen.

3 SCHRITT DREI

Ausatmen und ein Knie langsam anheben, als ob es von einer unsichtbaren Schnur nach oben gezogen würde. Bewegung anhalten, wenn das Knie über der Hüfte und im 90°-Winkel gebeugt ist.

STEIGERUNG

Sie können die Beine abwechselnd anheben, wenn Sie Ihre Stabilität ausreichend verbessert haben: Sie müssen so stabil sein, dass Ihr Becken nicht kippt. Achten Sie darauf, dass sich beim Abstellen des Fußes auf dem Boden Bauch und Rücken nicht hochwölben.

4 **SCHRITT VIER**

Einatmen, die Kontraktion des queren Bauchmuskels bleibt bei 30 %, das Knie bleibt im 90°-Winkel gebeugt.

5 **SCHRITT FÜNF**

Ausatmen und den Fuß wieder so auf die Matte senken, dass das Knie im 45°-Winkel gebeugt ist. Beim Senken des Beins nicht den Rücken wölben – kraftvolle Verbindung zum Zentrum halten.

6 **SCHRITT SECHS**

Die Übung fünfmal wiederholen, dann zum anderen Bein wechseln. Später auf maximal zehn Wiederholungen pro Bein steigern.

Armrudern

Bei dieser Übung ist es äußerst wichtig, den Rumpf richtig zu halten, sodass sich der Rücken nicht durchwölbt und der Brustkorb sich nicht vom Boden hebt. Führen Sie den Arm am Anfang nur so weit nach hinten, wie es Ihnen möglich ist, ohne dass Ihre Rippen den Bodenkontakt verlieren.

Ziel: Schultergürtel stabilisieren

Gut für: Schultern und Bauch

1 SCHRITT EINS

Auf dem Rücken liegen, Knie im 45°-Winkel gebeugt, Füße flach auf dem Boden. Legen Sie die Arme mit den Handflächen nach unten neben den Körper, dabei die Ellenbogen leicht gebeugt, und spüren Sie ihre Kraft. Schultergürtel in Neutralposition entspannen.

2 SCHRITT ZWEI

Weit und tief einatmen und einen Arm anheben, bis die ausgestreckten Finger senkrecht zum Himmel zeigen.

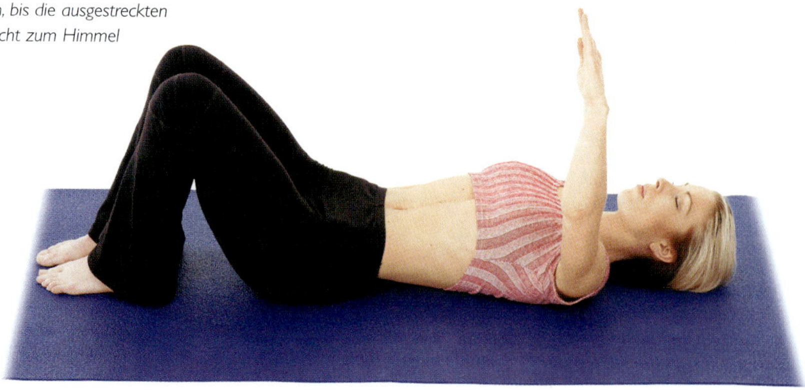

3 **SCHRITT DREI**

Ausatmen, Beckenboden und queren Bauchmuskel anspannen, Wirbelsäule neutral halten. Den Arm nach hinten bis auf den Boden führen (am Anfang kommen Sie vielleicht nicht ganz so weit). Becken neutral, Bauchmuskulatur angespannt halten. Die Rippen gleiten auf die Hüften zu, und die Schulterblätter sinken den Rücken hinab, wobei der Schultergürtel stabil bleibt.

STEIGERUNG

Wenn Sie so geübt sind, dass Ihr Becken dabei in Neutralposition bleibt, können Sie mit beiden Armen abwechselnd in einer fließenden Bewegung rudern, sodass der eine sich über Ihren Kopf hebt, während der andere wieder nach vorn zurückkehrt.

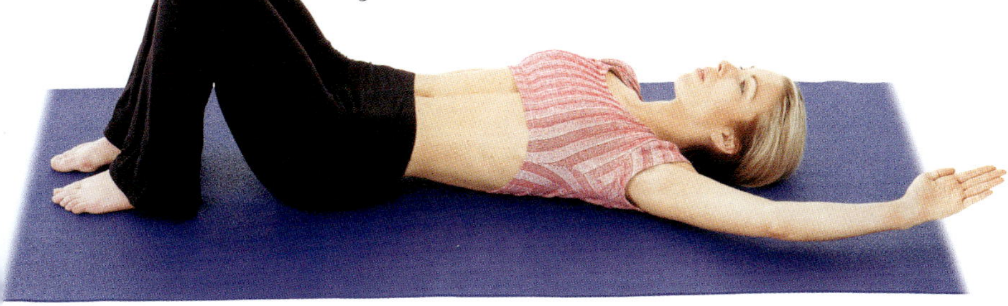

4 **SCHRITT VIER**

Einatmen und den Arm in die Senkrechte zurückführen.

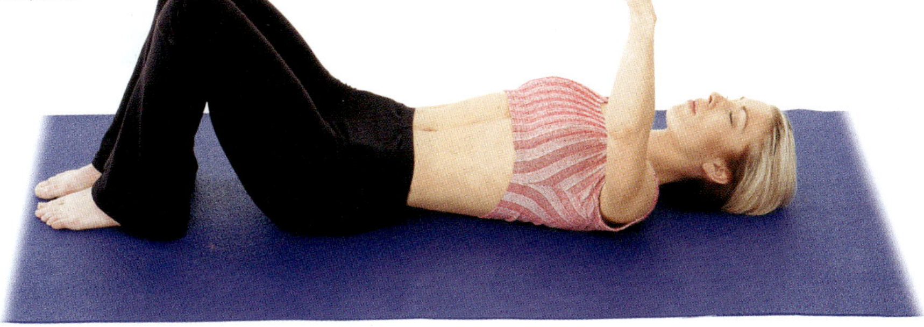

5 **SCHRITT FÜNF**

Ausatmen und den Arm nach vorn auf den Boden senken. Die Übung zunächst fünfmal, später bis zu zehnmal wiederholen.

6 **SCHRITT SECHS**

Die Übung mit dem anderen Arm wiederholen.

Rumpfdrehung 2

Bei dieser Übung drehen Sie die Beine in die eine und den Kopf in die andere Richtung. Die Schultern sollen dabei nicht den Bodenkontakt verlieren.

Ziel: Zentralkern kräftigen und stabilisieren

Gut für: Nacken, Bauch und Hüften

1 **SCHRITT EINS**

Legen Sie sich auf den Rücken, die Knie gebeugt, die Füße flach auf dem Boden. Arme rechtwinklig vom Körper wegstrecken, die Handflächen nach oben gewandt, damit die Schulterblätter neutral bleiben. Wirbelsäule auch in Neutralposition, Brustkorb entspannt. Bauchmuskeln und Beckenboden anspannen.

2 **SCHRITT ZWEI**

Tief und weit einatmen.

3 **SCHRITT DREI**

Ausatmen, Beckenboden und queren Bauchmuskel anspannen. Den Kopf nach links drehen und gleichzeitig die Knie nach rechts senken. Dabei bleiben beide Schultern am Boden, die Schulterblätter in Neutralposition.

4

SCHRITT VIER

Tief und weit einatmen.

5

SCHRITT FÜNF

Ausatmen, dabei Knie wieder aufrichten und den Kopf zur Mitte drehen.

6

SCHRITT SECHS

Die Übung fünfmal nach dieser Seite ausführen (später die Zahl der Wiederholungen auf maximal zehn steigern). Dann zur anderen Seite wechseln.

C-Bogen 2

Dies ist eine Steigerung der Aufwärmübung. Diesmal die Hände locker außen an die Knie legen. Versuchen Sie, bei jeder Trainingssitzung weiter nach hinten zu rollen, aber nur so weit, wie es bequem gelingt, ohne die Form zu verlieren.

Ziel: Wirbelsäule mobilisieren und Zentralkern kräftigen

Gut für: Wirbelsäule, Nacken, Schultern und Bauchmuskulatur

1 SCHRITT EINS

Setzen Sie sich auf den Boden, das Gewicht auf beide Gesäßknochen verteilt. Wirbelsäule neutral halten, Schultern entspannen, Schulterblätter sinken lassen.

2 SCHRITT ZWEI

Einatmen und spüren, wie sich der Brustkorb weitet und die Wirbelsäule verlängert.

3 **SCHRITT DREI**

Mit den Zehenballen leicht den Boden berühren. Ausatmen, dabei Beckenboden und queren Bauchmuskel anspannen, Nabel um 30 % zur Wirbelsäule. Verbindung zum Zentrum halten und das Becken langsam nach hinten neigen. Leicht vor und zurück schaukeln.

4 **SCHRITT VIER**

Auf den Zehen balancierend einatmen und in die Startposition zurückkehren. Die Übung anfänglich fünfmal, später höchstens zehnmal wiederholen.

VARIATION

Füße entspannen und Zehen anheben – nur die Fersen ruhen auf dem Boden (nimmt die Spannung aus den Hüftbeugemuskeln).

Wirbelsäule dehnen 1

Ziel: Muskeln der Wirbelsäule dehnen

Gut für: Nacken, Schultern, Wirbelsäule, Hüften und Bauch

1 SCHRITT EINS

Setzen Sie sich auf den Boden, das Gewicht gleichmäßig auf beide Gesäßknochen verteilt, die ausgestreckten Beine hüftbreit auseinander (sollten die Kniesehnen dabei zu stark angespannt werden, beugen Sie die Knie leicht, oder setzen Sie sich auf ein gerolltes Handtuch). Die Wirbelsäule lang machen.

2 SCHRITT ZWEI

Die Arme knapp unter Schulterhöhe nach vorn strecken, Handflächen nach oben. Schultergürtel in Neutralposition.

3 SCHRITT DREI

Einatmen und die Wirbelsäule aus der Hüfte strecken.

4 SCHRITT VIER

Ausatmen, Beckenboden und queren Bauchmuskel anspannen. Das Kinn sanft zur Brust neigen. Die Bauchmuskeln nach innen gewölbt halten, sodass die Rippen nach unten gleiten. Beugen Sie sich in Richtung Ihrer Füße, als ob Sie sich über einen großen Strandball abrollen.

5 **SCHRITT FÜNF**

Einatmen und langsam, Wirbel für Wirbel, wieder aufrichten.

6 **SCHRITT SECHS**

Ausatmen, dabei den Kopf aufrichten und die Schulterblätter sinken lassen. Diese Übung anfänglich fünfmal, später bis maximal zehnmal wiederholen.

Wirbelsäule drehen 1

Ziel: Wirbelsäule kräftigen und mobilisieren

Gut für: schrägen Bauchmuskel, vielgespaltenen Rückenmuskel, queren Bauchmuskel und Schultergürtel

1 SCHRITT EINS

Setzen Sie sich auf den Boden, das Gewicht gleichmäßig auf beide Gesäßknochen verteilt. Strecken Sie die Beine so aus, dass sich die Oberschenkel berühren, oder sitzen Sie im Schneidersitz. Die Wirbelsäule lang machen. Arme vor der Brust verschränken und den Schultergürtel in Neutralposition entspannen.

2 SCHRITT ZWEI

Einatmen.

STEIGERUNG

Sind Sie sich Ihrer Haltung und Körperbeherrschung sicher, drehen Sie sich abwechselnd nach links und rechts – auf maximal zehn Wiederholungen pro Seite steigern.

3 SCHRITT DREI

Ausatmen, Beckenboden und queren Bauchmuskel anspannen. Wirbelsäule aus der Hüfte strecken und aus der Taille nach links drehen.

4 SCHRITT VIER

Einatmen. Beckenboden und querer Bauchmuskel bleiben angespannt, während Sie sich zur Mitte zurückdrehen. Übung fünfmal in die eine Richtung, dann fünfmal in die andere Richtung wiederholen. Darauf achten, dass die Drehung von der Bauchmuskulatur und nicht von den Schultern ausgeht.

Schwan 1

Ziel: Schultergürtel und Wirbelsäule stärken und stabilisieren; Wirbelsäulen-Streckmuskeln trainieren

Gut für: Schultern, Wirbelsäule, queren Bauchmuskel, Kniesehnen, Gesäßmuskel

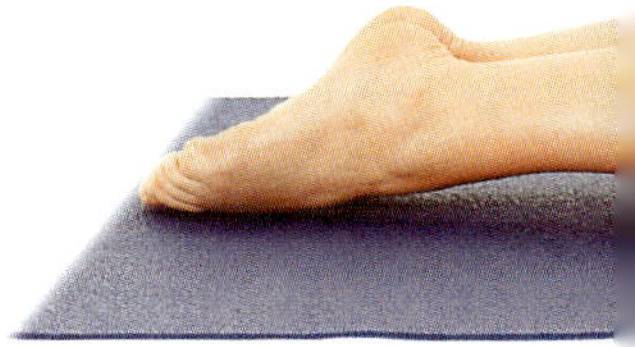

1 **SCHRITT EINS**

Legen Sie sich auf den Bauch. Die Stirn ruht auf einem gefalteten Handtuch oder einem Kissen. Arme mit den Handflächen nach oben neben dem Körper ausstrecken, Schultern in Neutralposition. Die Oberschenkel berühren sich, die Füße sind lang gestreckt.

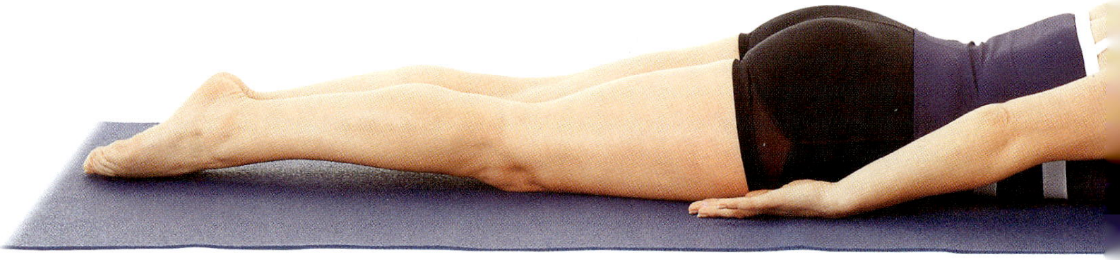

2 **SCHRITT ZWEI**

Einatmen, dabei die Wirbelsäule lang machen und die Schulterblätter nach unten gleiten lassen.

3 **SCHRITT DREI**

Ausatmen, dabei Beckenboden und queren Bauchmuskel anspannen.

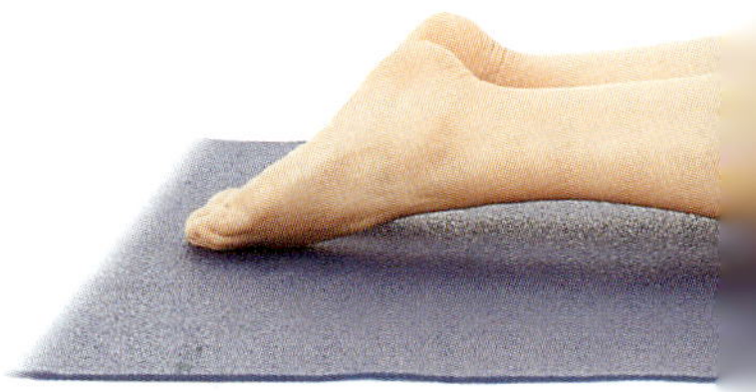

4 SCHRITT VIER

Einatmen und den Oberkörper aus der Hüfte heraus vom Boden heben. Rücken strecken, Schulterblätter nach unten ziehen. Bauchmuskeln zur Unterstützung angespannt lassen. Den Brustkorb weit geöffnet und die Schultern neutral halten. Den Blick auf den Boden gerichtet halten; Nacken und Kopf nicht nach hinten schieben.

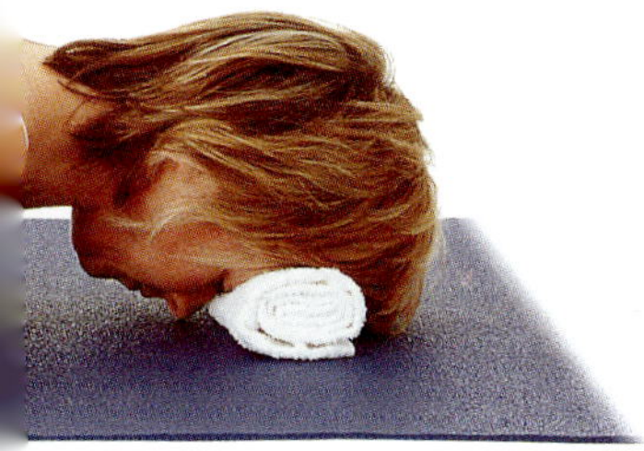

5 SCHRITT FÜNF

Ausatmen und den Oberkörper wieder auf den Boden senken; dabei Nabel und Beckenboden einziehen. Die Übung anfangs fünfmal, später bis höchstens zehnmal wiederholen.

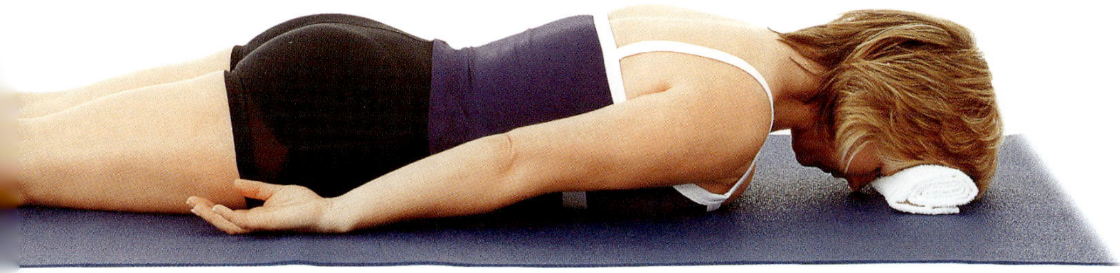

Schwimmen 1

Ziel: Wirbelsäule und Beine dehnen

Gut für: Schultern, Wirbelsäulen-Streckmuskeln und queren Bauchmuskel

3 SCHRITT DREI

Ausatmen und das linke Bein vom Boden heben. Die Zehen ausstrecken und das Bein vom Körper weg dehnen. Dabei den Nacken lang und Becken und Rippen korrekt ausgerichtet halten.

1 **SCHRITT EINS**

Legen Sie sich mit ausgestreckten Beinen auf den Bauch; die Stirn ruht auf Ihren Händen. Wirbelsäule und Schultergürtel in Neutralposition entspannen.

2 **SCHRITT ZWEI**

Einatmen, dabei Beckenboden und queren Bauchmuskel anspannen.

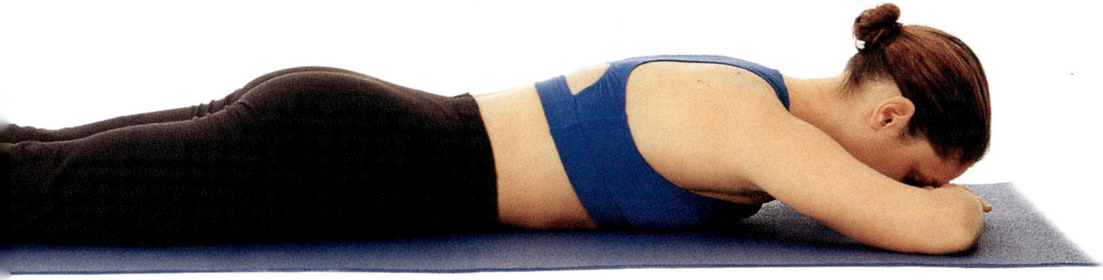

4 **SCHRITT VIER**

Einatmen und in die Ausgangsstellung zurückkehren.

5 **SCHRITT FÜNF**

Die Bewegung mit dem rechten Bein wiederholen. Die ganze Übung zuerst fünfmal, später bis zu zehnmal wiederholen.

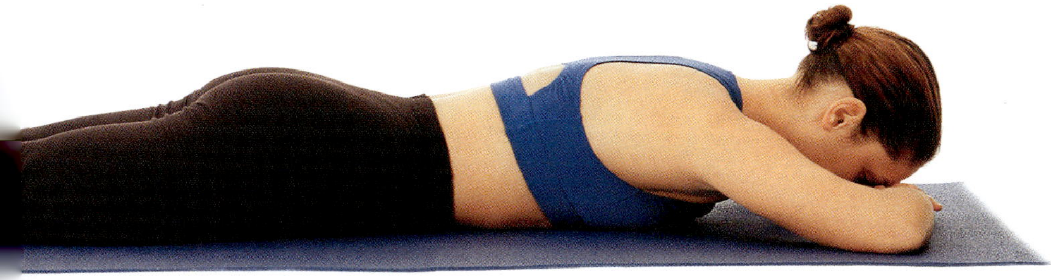

Beinschwinge 1

Die folgenden Übungen werden als Serie ausgeführt: Absolvieren Sie zuerst beide mit einem Bein, und wiederholen Sie sie dann mit dem anderen. Jede Bewegung anfänglich fünfmal, später bis zu zehnmal wiederholen.

Ziel: Lendenwirbelbereich stärken, Hüften mobilisieren, Gesäßmuskeln und Kniesehnen trainieren

Gut für: Hüftbeugemuskeln, queren Bauchmuskel und großen Gesäßmuskel

1 **SCHRITT EINS**

Legen Sie sich auf die Seite, den unteren Arm gerade ausgestreckt, Handfläche nach oben. Die Hüften liegen parallel übereinander. Das untere Knie im 90°-Winkel nach hinten abknicken. Das obere Bein auf Hüfthöhe gerade ausgestreckt halten. Die obere Schulter entspannt halten; den freien Arm über den Nabel legen. Den Schultergürtel in Neutralposition entspannen.

2 SCHRITT ZWEI

Einatmen, Beckenboden und queren Bauchmuskel anspannen. Den oberen Fuß anwinkeln und das Bein im 90°-Winkel nach vorn führen. Das Becken bleibt in Neutralposition.

3 SCHRITT DREI

Ausatmen, den Fuß durchstrecken und das Bein in die Ausgangsposition zurücknehmen. Dabei bleibt das Bein auf Hüfthöhe, das Becken in Neutralposition.

Beinseithebung 1

Ziel: Hüften mobilisieren, Gesäß und Kniesehnen trainieren

Gut für: Hüftbeugemuskeln, queren Bauchmuskel, großen Gesäßmuskel und Kniesehnen

1 SCHRITT EINS

Legen Sie sich auf die Seite, den unteren Arm gerade ausgestreckt, die Handfläche nach oben. Die Hüften liegen genau aufeinander. Den Unterschenkel des unteren Beins nach hinten abwinkeln. Das obere Bein auf Hüfthöhe gerade ausgestreckt halten. Die obere Schulter entspannt halten; den freien Arm über den Nabel legen. Schultergürtel in Neutralposition entspannen.

2 **SCHRITT ZWEI**

Einatmen, Beckenbodenmuskeln und queren Bauchmuskel anspannen. Den Fuß durchstrecken und das Bein leicht anheben.

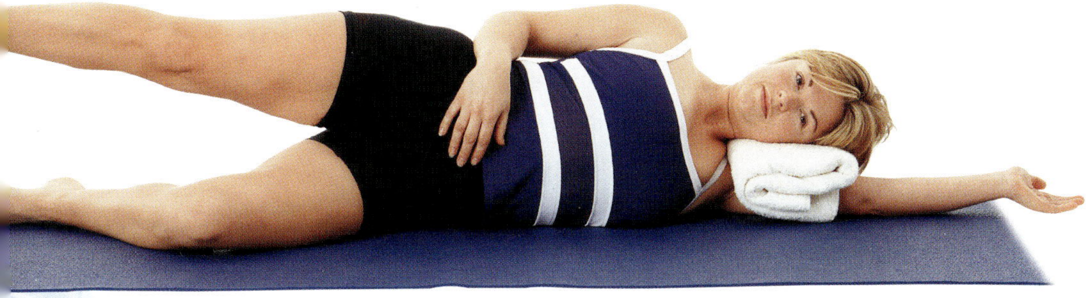

3 **SCHRITT DREI**

Ausatmen und das Bein wieder in die Ausgangsposition absenken.

Anfänger-übungen

Einleitung

Inzwischen sind Sie mit der Pilates-Fachsprache bereits bestens vertraut – Kernstabilität, Neutralposition, seitliche Brustkorbatmung etc. –, also können Sie jetzt einen Schritt weiter gehen. Dieses Kapitel enthält zahlreiche Übungen aus der Einführungsstufe, die jedoch durch kleine Veränderungen etwas anspruchsvoller geworden sind.

Zu jeder Übung gibt es Hinweise, die die Ziele der Übung und etwaiger Steigerungen erläutern. Manchmal finden Sie auch Tipps zur Unterstützung der Bewegung, bis Sie so weit sind, sie ohne Hilfen auszuführen – so wird bei der Bauchübung 2 auf den Seiten 102 und 103 erklärt, wie Sie Ihren Kopf abstützen können, bis Ihre Bauchmuskulatur stark genug ist, die ganze Arbeit zu übernehmen. Bedenken Sie, dass sich der Erfolg erst nach und nach einstellt: Es ist kein Zeichen von Schwäche, wenn Sie diese Hilfen in Anspruch nehmen. Bemühen Sie sich einfach um langsame und stetige Fortschritte; dann werden Sie sie irgendwann nicht mehr brauchen.

Zu einigen Übungen gibt es auch Vorschläge zur Steigerung oder Abwandlung der Grundübung. Probieren Sie die Steigerungen aus, wenn Sie die Grundübung mühelos beherrschen, oder weichen Sie eine Zeit lang auf eine Abwandlung aus, wenn Ihnen die Grundübung noch zu schwierig ist. Auch das ist kein Zeichen von Schwäche – Sie gehen das Training einfach in der von Pilates vorgesehenen Weise an und achten auf Qualität statt auf Quantität.

Dieses Kapitel enthält auch die bekannteste Pilates-Übung: „Die Hundert", so genannt, weil man vor dem Ein- und Ausatmen jeweils bis fünf zählt (das ergibt zehn) und den Ablauf insgesamt zehnmal wiederholt (so kommt man auf hundert). Voraussetzungen dieser Übung sind ein sehr starkes, stabiles Zentrum und eine kontrollierte, rhythmische Atmung, worauf Sie durch die Bauchübungen gut vorbereitet sind.

Die letzte Übung des Kapitels, das „Beinkreisen", ist ein ausgezeichneter Abschluss der Beinübungen: Sie trainiert Hüften, Po und Oberschenkel und mobilisiert die Hüftgelenke. Hierfür muss der Körper sehr stabil sein, und Sie müssen darauf achten, die Bewegung aus der Hüfte auszuführen, statt einfach nur den Fuß oder die Zehen zu bewegen. Ziel ist eine kleine, sehr kontrollierte Bewegung – stellen Sie sich vor, dass Ihr Bein in einem kleinen Zylinder steckt und Sie es an der inneren Wand entlangführen.

Wenn Sie diese Bewegung fließend ausführen und dabei die Schultern neutral halten und ein Wegkippen nach vorn oder hinten vermeiden können, sind Sie auf dem besten Weg zur Kernstabilität.

Auch hier sollten Sie jede Übung zu Beginn fünfmal wiederholen und sich allmählich steigern, bis Sie zehn Wiederholungen in guter Form – d. h. langsam, kontrolliert und fließend – schaffen. Entspannen Sie sich, finden Sie Ihren Rhythmus, nehmen Sie sich Zeit und achten Sie stets auf Konzentration, Präzision und richtige Atmung.

Atmung 2

Fangen Sie – wie beim Anfängerprogramm – mit dieser Übung an, um Ihre Aufmerksamkeit auf das Atmen zu konzentrieren.

Ziel: queren Bauchmuskel durch Atmung aktivieren, um den Zentralkern zu stärken

Gut für: queren Bauchmuskel, vielgespaltenen Rückenmuskel und Beckenboden

1 **SCHRITT EINS**

Legen Sie sich auf den Rücken, die Knie im 45°-Winkel gebeugt, die Füße hüftbreit auseinander und flach auf dem Boden, den Schultergürtel in Neutralposition. Die Hände auf den Brustkorb legen.

2 **SCHRITT ZWEI**

Tief einatmen. Spüren Sie, wie Ihr Brustkorb sich weitet und die Atemluft in Rücken und Seiten strömt.

3 **SCHRITT DREI**

Ausatmen, dabei Beckenboden und queren Bauchmuskel anspannen. Zugleich das Schambein in Richtung Nabel ziehen und das Becken sanft auf sich zu kippen, sodass sich Ihr Steißbein vom Boden abrollt.

4 **SCHRITT VIER**

Einatmen und Becken wieder in Neutralposition entspannen.

5 **SCHRITT FÜNF**

Ausatmen, den Rücken leicht wölben.

6 **SCHRITT SECHS**

Einatmen und Becken in Neutralposition entspannen. Die Übung anfänglich fünfmal, später bis zu zehnmal wiederholen.

Unterbauchübung 2

Bei der Unterbauchübung für Anfänger sollten Sie die Beckenkippung nur für die Dauer eines Einatmens halten. Jetzt halten Sie die Kontraktion 10–20 Sekunden lang und atmen dabei rhythmisch ein und aus – nicht die Luft anhalten.

Ziel: Zentralkern stärken

Gut für: Unterbauchmuskulatur

1 **SCHRITT EINS**

Legen Sie sich auf den Rücken, die Knie im 45°-Winkel gebeugt, Füße hüftbreit auseinander und flach auf dem Boden. Die Arme entweder mit den Handflächen nach unten neben den Körper oder dreieckförmig auf den Bauch legen. Schultergürtel und Wirbelsäule in Neutralposition entspannen.

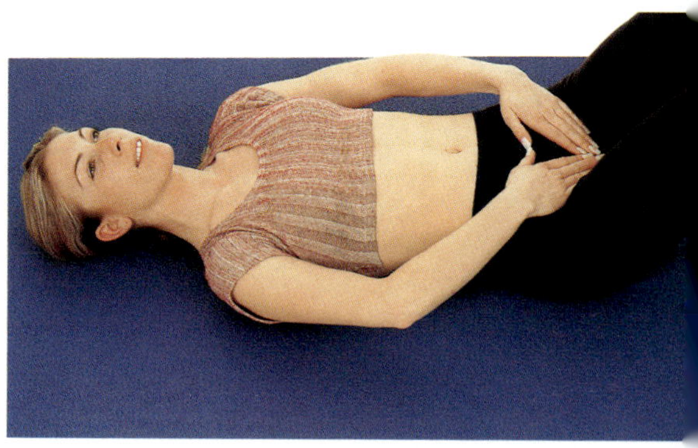

2 **SCHRITT ZWEI**

Tief und weit einatmen.

3 **SCHRITT DREI**

Ausatmen. Ziehen Sie dabei das Schambein zum Nabel, und kippen Sie Ihr Becken unter Einsatz der Bauchmuskulatur auf sich zu.

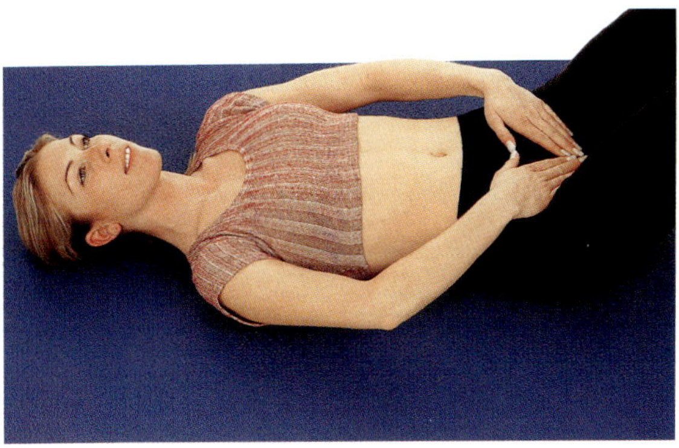

4 **SCHRITT VIER**

Einatmen und Kippung beibehalten; die Kontraktion des queren Bauchmuskels bleibt bei 30 %. 10–20 Sekunden rhythmisch atmen.

5 **SCHRITT FÜNF**

Ausatmen und in die Neutralposition zurückrollen. Übung anfänglich fünfmal, später bis zu zehnmal wiederholen.

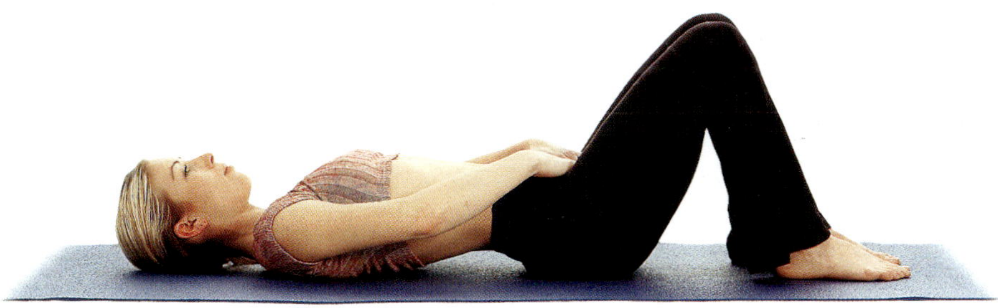

Bauchübung 2

Bei der Bauchübung für Anfänger haben Sie die Beugung nur für die Dauer eines Einatmens gehalten. Bei dieser Übung verringern Sie die Beugung beim Einatmen um etwa 5 % und erhöhen sie beim Ausatmen wieder, ohne zwischendurch den Boden zu berühren. Fixieren Sie den Blick auf Ihre Knie, damit Kopf und Hals richtig ausgerichtet bleiben. Wenn Ihr Kopf zu schwer wird, können Sie ihn mit einer Hand – bei weit abgespreiztem Ellenbogen – leicht unterstützen. Sie dürfen ihn aber nicht umklammern und nach vorn ziehen.

Ziel: Wirbelsäule dehnen, Zentralkern stärken und stabilisieren

Gut für: Nacken, Schultern, Wirbelsäule und Bauchmuskulatur

1 **SCHRITT EINS**

Legen Sie sich auf den Rücken, die Knie im 45°-Winkel gebeugt, die Füße hüftbreit auseinander. Arme mit den Handflächen nach unten neben den Körper legen. Machen Sie den Hals lang und entspannen Sie den Oberkörper. Den Schultergürtel neutral halten.

2 **SCHRITT ZWEI**

Einatmen und den Nacken noch stärker „verlängern", indem Sie das Kinn leicht zur Brust beugen, ohne dabei den Kopf anzuheben.

3 **SCHRITT DREI**

Atmen Sie aus, und beugen Sie sich vor, sodass sich Kopf und Schultern vom Boden abrollen und der Brustkorb sich zum Becken neigt. Arme vom Boden heben, sodass sie auf einer Höhe mit den Schultern sind. Beckenboden und querer Bauchmuskel sind angespannt, der Nabel ist zur Wirbelsäule eingezogen, die untere Wirbelsäule bleibt in Neutralposition.

4 **SCHRITT VIER**

Einatmen und die Beugung um 5 % verringern, sodass sich die Wirbelsäule etwas streckt, während der Bauch zur Mulde angespannt bleibt. NICHT den Boden berühren.

5 **SCHRITT FÜNF**

Ausatmen, Beckenboden hochziehen und Nabel um 5 % zur Wirbelsäule ziehen, bis Sie wieder so stark gebeugt sind wie in Schritt 3. Übung fünfmal, später bis zu zehnmal wiederholen.

Die Hundert

Diese vermutlich bekannteste Pilates-Übung vereint die Hauptziele der Pilates-Methode: Kräftigung und Stabilisierung des Zentralkerns und Förderung einer kontrollierten, rhythmischen Atmung. Die Bauchübungen 1 und 2 sind eine ausgezeichnete Vorbereitung auf diese Übung. Die „Hundert" umfasst in ihrer schwierigsten Variante auch eine leichte Auf-und-Ab-Bewegung der Arme, doch hier werden die Arme zur Verbesserung der Stabilität waagerecht gehalten.

Ziel: Dehnung der Wirbelsäule, Stabilisierung von Schultergürtel und Becken, Stärkung des Zentralkerns und kontrollierte Atmung

Gut für: Nacken, Schultern, Wirbelsäule, Bauch und Atmung

1 SCHRITT EINS

Legen Sie sich auf den Rücken, die Knie im 45°-Winkel gebeugt, die Füße flach auf dem Boden. Die Oberschenkel berühren sich. Die Arme mit den Handflächen nach unten neben den Körper legen und mit leicht gebeugten Ellenbogen kraftvoll gespannt halten. Schultergürtel in Neutralposition entspannen.

2 SCHRITT ZWEI

Einatmen und den Nacken lang machen.

3

SCHRITT DREI

Ausatmen und nach vorn beugen, sodass sich Kopf und Schultern vom Boden abrollen und der Brustkorb sich zum Becken neigt. Die Arme vom Boden heben und auf Schulterhöhe halten. Beckenboden und querer Bauchmuskel sind angespannt, der Nabel ist zur Wirbelsäule gezogen, die untere Wirbelsäule bleibt neutral.

4

SCHRITT VIER

Einatmen und bis fünf zählen; dabei die Kontraktion des queren Bauchmuskels bei 20–30 % halten.

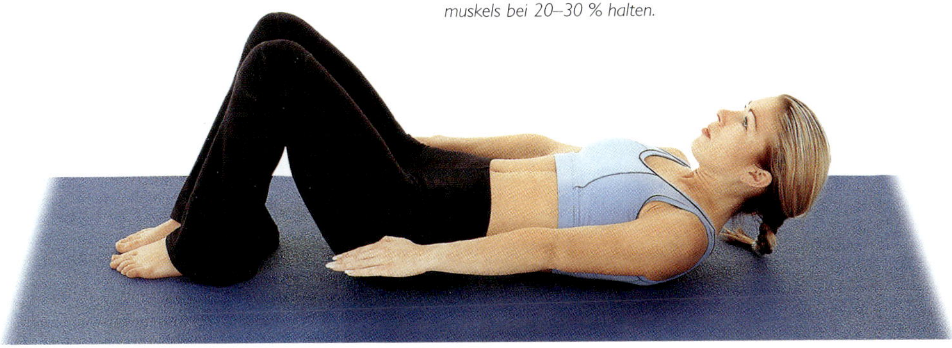

5 SCHRITT FÜNF

Ausatmen und bis fünf zählen; dabei die Beugung halten und die Kontraktion auf 30 % steigern.

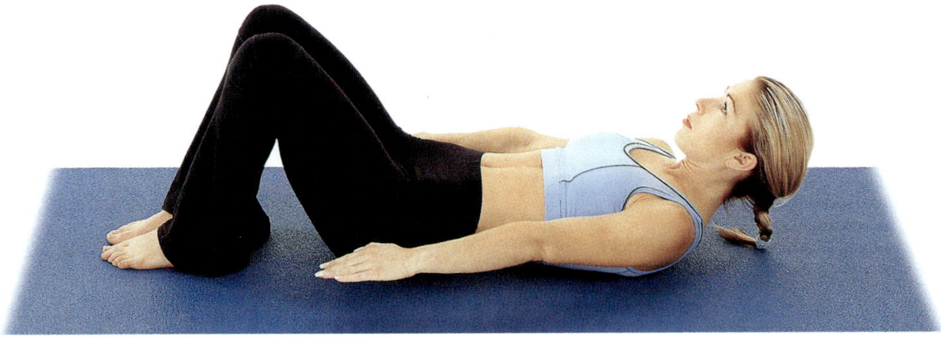

6 SCHRITT SECHS

Die Übung fünfmal, später bis zu zehnmal wiederholen. Bei jeder Wiederholung die Verbindung zum Zentrum halten und darauf achten, dass sich die Bauchmuskulatur nicht vorwölbt.

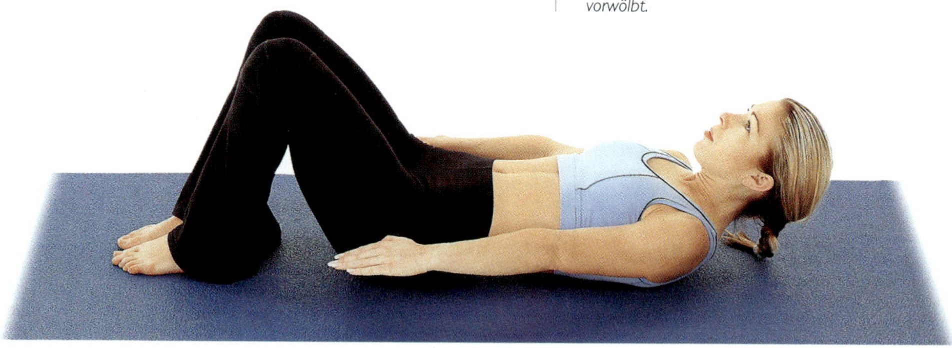

STEIGERUNG

Probieren Sie diese Variationen nur aus, wenn Sie sich Ihrer Stabilität sicher sind. Sie MÜSSEN Becken und Wirbelsäule neutral halten können, ohne die Lendenwirbelpartie zu wölben oder anzuspannen oder die Hüften anzuheben.

1 Heben Sie einen Fuß, bis das Knie genau über der Hüfte im 90°-Winkel gebeugt ist. Dazu erst einatmen und das Becken wie in Unterbauchübung 2 (Seite 100) kippen, dann ausatmen und ein Bein wie in der Hüftbeugeübung (Seite 72) anheben.

2 Füße anheben, sodass die Knie über den Hüften im 90°-Winkel gebeugt sind. Zunächst ein Bein wie oben beschrieben anheben, dann einatmen; beim Ausatmen das andere Bein heben.

Beinkreisen mit gebeugtem Knie

Diese ausgezeichnete Übung zur Mobilisierung der Hüftgelenke ist besonders hilfreich, wenn Sie viel sitzen oder Auto fahren und Ihre Hüftmuskeln und inneren Oberschenkelmuskeln nur selten gedehnt werden. Beim Kreisen darauf achten, dass Sie ausatmen, während Sie das Bein nach außen bewegen, da Sie in diesem Moment maximale Stabilität und eine gute Verbindung zum Zentrum brauchen. In der schwierigsten Version wird die Übung mit gestrecktem Bein durchgeführt.

Ziel: Hüftgelenke mobilisieren, Hüftmuskeln und innere Oberschenkelmuskeln dehnen

Gut für: Bauchmuskeln, Hüften und innere Oberschenkel

1 SCHRITT EINS

Auf den Rücken legen, die Knie im 45°-Winkel gebeugt, die Füße hüftbreit auseinander und flach auf dem Boden. Arme mit den Handflächen nach unten neben den Körper oder dreieckförmig auf den Bauch legen – die Seiten des Dreiecks sollen bei der Übung waagerecht bleiben. Schultergürtel und Wirbelsäule in Neutralposition entspannen.

2 SCHRITT ZWEI

Einatmen.

3 SCHRITT DREI

Ausatmen, Beckenboden und queren Bauchmuskel anspannen und ein Knie anheben, bis es über der Hüfte im 90°-Winkel gebeugt ist. Die Position halten.

4 **SCHRITT VIER**

Einatmen; Beckenboden und querer Bauchmuskel bleiben angespannt. Das Knie im Uhrzeigersinn nach innen zur Mittellinie kreisen lassen – stellen Sie sich vor, dass Sie mit dem Bein in der Hüftgelenkpfanne rühren.

5 **SCHRITT FÜNF**

Ausatmen und den Kreis vervollständigen, indem Sie das Knie nach außen bewegen.

6 **SCHRITT SECHS**

Das Knie fünfmal im Uhrzeigersinn und fünfmal gegen den Uhrzeigersinn kreisen lassen.

7 **SCHRITT SIEBEN**

Mit dem anderen Bein wiederholen.

STEIGERUNG

Die Knie auf 90° hochziehen und die Finger auf die Kniescheiben legen. Kleine Kreise mit beiden Knien ausführen; die Finger geben Ihnen Feedback, ob sich die Beine gleichmäßig bewegen. Dabei ist es sehr wichtig, das Becken stabil zu halten, damit sich der Rücken nicht vom Boden hochwölbt.

Rollen

Ziel: Zentrierung auf die Bauchmuskulatur, Dehnung der Wirbelsäulen-Streckmuskeln

Gut für: Wirbelsäule, Hals, Schultern und Bauch

1 **SCHRITT EINS**

Setzen Sie sich auf den Boden, das Gewicht auf die Gesäßknochen verteilt, das Becken leicht nach hinten geneigt und die Wirbelsäule zum C-Bogen gekrümmt (Seite 78). Die Knie sind im 45°-Winkel gebeugt, die Beine berühren sich. Umfassen Sie mit den Händen Ihre Schienbeine, und halten Sie Ihre Schultern in Neutralposition.

2 **SCHRITT ZWEI**

Einatmen. Der Beckenkippung und dem C-Bogen folgend rückwärts auf den Boden rollen.

VARIATION

Legen Sie die Handflächen nicht auf die Schienbeine, sondern auf die Waden. Das mindert die Anspannung der Schultermuskeln und hindert Sie, die Schultern hochzuziehen. Nach einiger Übung sollten Sie versuchen, die Füße zwischen den einzelnen Rollen nicht mehr auf den Boden aufzusetzen.

3 **SCHRITT DREI**

Ausatmen. Den Blick auf die Knie gerichtet halten; der Kopf bleibt dem C-Bogen folgend leicht nach vorn gebeugt.

4 **SCHRITT VIER**

In die Startposition zurückrollen – dabei Verbindung zum Zentrum halten und das Gleichgewicht wahren. Die Beine bleiben in einer Linie mit den Händen.

Einseitige Beindehnung

Dies ist eine Steigerung der Hüftstreckung (Seite 70). Beginnen Sie langsam, den Körper zunächst noch flach auf dem Boden und die Beine im 90°-Winkel gebeugt. Strecken Sie Ihre Beine in einem Tempo aus, bei dem Sie den übrigen Körper in Neutralposition halten können. Mit zunehmender Kraft und Kontrolle über den Zentralkern können Sie den Körper dann beugen, bevor Sie die Beine ausstrecken.

Ziel: Koordination fördern, Bauchmuskeln stärken und stabilisieren, Beinmuskeln dehnen

Gut für: Nacken, Schultern, queren Bauchmuskel, Hüftbeugemuskeln (exzentrisch), Hüftstreckmuskeln und Quadrizeps (konzentrisch)

1 **SCHRITT EINS**

Legen Sie sich auf den Rücken: Die Oberschenkel berühren sich, Knie im 45°-Winkel gebeugt, Füße flach auf dem Boden, Arme mit den Handflächen nach unten und leicht gebeugten Ellenbogen neben dem Körper.

2 **SCHRITT ZWEI**

Einatmen und den Nacken lang machen.

3 **SCHRITT DREI**

Ausatmen, Beckenboden und queren Bauchmuskel anspannen, um das Becken zu kippen, Nabel zur Wirbelsäule ziehen, Wirbelsäule neutral halten. Beide Knie auf 90°-Beugung anheben; die Beine bleiben dabei in Kontakt.

4 **SCHRITT VIER**

Einatmen und diese Position halten.

5 **SCHRITT FÜNF**

Ausatmen und nach vorn beugen, sodass Kopf und Schultern vom Boden abrollen und der Brustkorb sich zum Becken neigt. Die Arme auf Schulterhöhe anheben. Beckenboden und querer Bauchmuskel bleiben angespannt, Nabel zur Wirbelsäule gezogen, untere Wirbelsäule neutral halten.

6 **SCHRITT SECHS**

Zur Vorbereitung einatmen.

7 **SCHRITT SIEBEN**

Ausatmen, ein Bein vom Körper wegstrecken. Der quere Bauchmuskel bleibt dabei angespannt.

8 **SCHRITT ACHT**

Einatmen und das Bein wieder anziehen.

VARIATION

Wenn Ihnen diese Übung zu schwer ist, ersetzen Sie sie durch die Einführungsübung „Hüftstreckung" (Seite 70) und fahren Sie dann mit den restlichen Übungen dieser Stufe fort.

9 SCHRITT NEUN

Ausatmen, das andere Bein vom Körper wegstrecken. Die Übung zunächst fünfmal, später bis zu zehnmal als eine Art „Radfahrbewegung" wiederholen.

Beidseitige Beindehnung

Diese Übung erfordert einen sehr starken und stabilen Zentralkern. Falls Sie noch nicht ganz so stabil sind, heben Sie jeweils nur ein Bein auf einmal.

Ziel: Koordination fördern, Bauchmuskulatur stärken und stabilisieren, Beinmuskeln dehnen

Gut für: queren Bauchmuskel, Brustmuskeln und Hüftbeugemuskeln (exzentrisch und konzentrisch)

1 SCHRITT EINS

Legen Sie sich auf den Rücken, Knie im 45°-Winkel gebeugt, Füße hüftbreit auseinander und flach auf dem Boden, die Oberschenkel berühren sich. Arme mit den Handflächen nach unten und leicht gebeugten Ellenbogen neben den Körper legen.

2 SCHRITT ZWEI

Einatmen und die Halswirbelsäule lang machen.

3 **SCHRITT DREI**

Ausatmen und das Becken kippen, dazu Beckenboden und queren Bauchmuskel anspannen, Nabel zur Wirbelsäule ziehen, diese neutral halten. Oberschenkel zusammenhalten, die Knie bis auf 90°-Beugung anheben.

4 **SCHRITT VIER**

Einatmen und die Position halten.

5 **SCHRITT FÜNF**

Ausatmen und nach vorn beugen, sodass Kopf und Schultern vom Boden abrollen und der Brustkorb sich zum Becken neigt. Arme auf Schulterhöhe anheben. Beckenboden und querer Bauchmuskel bleiben angespannt, Nabel zur Wirbelsäule eingezogen, untere Wirbelsäule neutral halten.

6 **SCHRITT SECHS**

Zur Vorbereitung einatmen.

7 SCHRITT SIEBEN

Ausatmen, beide Arme und Beine von der Mittellinie des Körpers wegstrecken.

8 SCHRITT ACHT

Einatmen, Arme und Beine zur Mitte zurückführen. Diese Übung ist sehr schwierig: Fangen Sie deshalb mit nur drei Wiederholungen an, und steigern Sie sich langsam auf fünf, dann allmählich auf zehn Wiederholungen.

VARIATION

Hierbei wird der Oberkörper ebenfalls gebeugt und vom Boden abgerollt, doch ohne die Beine zu bewegen. Sie brauchen ein starkes, stabiles Zentrum. Einatmen und die Arme zur Decke heben, dann ausatmen und die Schulterblätter nach unten ziehen. Die Arme sollen kraftvoll wie schlagende Flügel, aber nicht übermäßig angespannt sein. Schultern und Schultergürtel müssen stabil sein. Schulterblätter beim Senken der Arme nach unten ziehen. So können Sie Ihre Arme in optimaler Haltung im Halbkreis führen, ohne dass dabei Anspannungen im Nacken oder Schulterbereich entstehen.

1 Den Oberkörper beugen und die Arme aus den Schultern kreisen lassen. Arme von der Schulter bis zu den Fingern kraftvoll gespannt halten. Knie im 90°-Winkel gebeugt halten oder eins im 45°-Winkel lassen und das andere auf 90° beugen.

2 In Schritt 7 nur Arm und Bein einer Seite auf einmal ausstrecken.

Schulterbrücke

Eine ideale Übung, um die Anspannung des Tages abzulegen. Dabei wird das Becken nicht ruckartig angehoben, sondern die Wirbelsäule Wirbel für Wirbel vom Boden abgerollt – immer nur so weit, wie es für Sie angenehm ist: zuerst nur der Unterleib, dann bis zum Nabel, bis zum Brustkorb und zuletzt bis zu den Schulterblättern. Die Schulterblätter müssen entspannt bleiben.

Ziel: Den Körper dehnen, die Wirbelsäule gelenkig abrollen

Gut für: queren Bauchmuskel, großen Gesäßmuskel und Kniesehnen

1 **SCHRITT EINS**

Legen Sie sich auf den Rücken, die Knie im 45°-Winkel gebeugt, Füße hüftbreit auseinander, Arme mit den Handflächen nach unten neben dem Körper. Den Hals lang machen, den Oberkörper entspannen und den Schultergürtel neutral halten.

2 **SCHRITT ZWEI**

Einatmen.

3 **SCHRITT DREI**

Ausatmen und das Becken zum Brustkorb kippen; dazu Beckenboden und queren Bauchmuskel anspannen, Nabel zur Wirbelsäule ziehen. Die Wirbelsäule bleibt neutral. Vom Steißbein ausgehend die Wirbelsäule Wirbel für Wirbel vom Boden abrollen – bis zu den Schulterblättern, sodass Ihr Körper eine Brücke bildet. Nicht bis zur Halswirbelsäule abrollen.

4 **SCHRITT VIER**

Einatmen; dabei die Kontraktion des queren Bauchmuskels halten.

5 **SCHRITT FÜNF**

Ausatmen und den Rücken Wirbel für Wirbel in die Ausgangsposition zurückrollen; zuletzt das Steißbein ablegen. Die Übung anfänglich fünfmal wiederholen und die Zahl der Wiederholungen allmählich bis auf zehn steigern.

Wirbelsäule dehnen 2

Diese Übung ist die gleiche wie im Einführungsteil (Seite 80). Sie ist jedoch an dieser Stelle besonders wichtig, da die Vorwärtsbeugung des Körpers zum Ausgleich der Muskelarbeit dient.

Ziel: Bauchmuskeln stärken und Muskeln der Wirbelsäule dehnen

Gut für: Bauchmuskeln, Wirbelsäule und Hüften

1 **SCHRITT EINS**

Setzen Sie sich auf den Boden, das Gewicht gleichmäßig verteilt, Wirbelsäule in Neutralposition. Machen Sie die Wirbelsäule lang. Beine ausstrecken, die Füße hüftbreit auseinander (wenn Ihre Kniesehnen zu stark angespannt sind, Knie leicht beugen). Arme knapp unter Schulterhöhe nach vorn strecken, Handflächen nach oben. Den Schultergürtel in Neutralposition entspannen.

2 **SCHRITT ZWEI**

Einatmen und die Wirbelsäule aus der Hüfte strecken.

3

SCHRITT DREI

Ausatmen, Beckenboden und queren Bauchmuskel anspannen. Kinn leicht zur Brust neigen. Rippen nach unten gleiten lassen; die Bauchmuskeln nach innen gewölbt halten. Beugen Sie sich in Richtung Füße, als ob Sie sich über einen großen Ball abrollen.

4

SCHRITT VIER

Einatmen und langsam, Wirbel für Wirbel, wieder aufrichten.

5

SCHRITT FÜNF

Ausatmen, dabei den Kopf aufrichten und die Schulterblätter sinken lassen. Diese Übung anfänglich fünfmal, später bis maximal zehnmal wiederholen.

Wirbelsäule drehen 2

Dies ist eine sehr entspannende Übung. Beim Ausatmen ziehen Sie den Körper hoch und drehen sich wie ein Korkenzieher, beim Einatmen drehen Sie sich wieder zur Mitte. Führen Sie die Bewegung zuerst nur in eine Richtung aus, wobei die Gesäßknochen am Boden bleiben müssen. Später können Sie sich in einer fließenden Bewegung abwechselnd nach beiden Seiten drehen. Als Steigerung können Sie die Drehung beim Ausatmen halten und dann noch etwas verstärken, bevor Sie einatmen und zur Mitte zurückkehren.

Ziel: Aktivierung des schrägen Bauchmuskels und der Wirbelsäulen-Drehmuskeln

Gut für: Bauchmuskeln, vielgespaltenen Rückenmuskel und Schultergürtel

1 **SCHRITT EINS**

Setzen Sie sich auf den Boden, das Gewicht gleichmäßig auf beide Gesäßknochen verteilt, die Wirbelsäule in Neutralposition. Die Wirbelsäule lang machen. Die Beine ausstrecken; die Oberschenkel berühren sich. Die Arme mit den Handflächen nach oben seitlich ausstrecken. Den Schultergürtel in Neutralposition entspannen.

2 **SCHRITT ZWEI**

Einatmen.

3

SCHRITT DREI

Ausatmen, Beckenboden und queren Bauchmuskel anspannen. Wirbelsäule aus der Hüfte strecken und zur Seite drehen. Die Drehbewegung wird durch die Bauchmuskelkontraktion eingeleitet – als ob seitlicher Zug auf den Nabel ausgeübt würde.

4

SCHRITT VIER

Einatmen und zur Mitte zurückdrehen, wobei Beckenboden und querer Bauchmuskel angespannt bleiben. Die Bewegung erfolgt wieder aus dem Körperzentrum heraus.

5

SCHRITT FÜNF

Die Bewegung fünfmal in eine Richtung, dann fünfmal in die andere wiederholen, allmählich bis auf zehn Wiederholungen steigern. Wenn Sie sicher sind, dass Ihr Becken stabil genug ist, können Sie sich abwechselnd in beide Richtungen drehen.

Schwan 2

Bei der Steigerung der Übung sollen die auf Schulterhöhe gehaltenen Hände Sie stabilisieren, damit Sie Ihren Oberkörper weiter vom Boden heben können, gleichzeitig aber die Kontrolle über das Zentrum behalten und der Versuchung widerstehen, sich auf die Hände zu stützen. Die Schultern bleiben in Neutralposition; Rippen und Becken müssen integriert bleiben, damit sich Rippen und Bauchmuskeln nicht vorwölben.

Ziel: Schultergürtel und Wirbelsäule stärken und stabilisieren

Gut für: Schultern, Wirbelsäule, queren Bauchmuskel, Kniesehnen und Gesäßmuskel

1 **SCHRITT EINS**

Legen Sie sich auf den Bauch. Die Stirn ruht auf einem gefalteten Handtuch oder einem Kissen auf dem Boden. Arme mit den Handflächen nach oben neben dem Körper ausstrecken, Schultern in Neutralposition. Die Oberschenkel berühren sich, die Füße sind lang gestreckt.

2 **SCHRITT ZWEI**

Einatmen.

3 **SCHRITT DREI**

Ausatmen, dabei Beckenboden und queren Bauchmuskel anspannen und die Wirbelsäule lang machen.

STEIGERUNG

1 Wenn Sie die Grundübung gut beherrschen, die Arme vorm Oberkörper abwinkeln; die Schulterblätter bleiben entspannt und neutral.
2 Arm- und Beinbewegungen kombinieren, indem Sie jeweils Arm und Bein einer Seite gemeinsam heben und strecken.
3 Arm- und Beinbewegungen über Kreuz kombinieren: Heben und strecken Sie den rechten Arm und das linke Bein und umgekehrt.

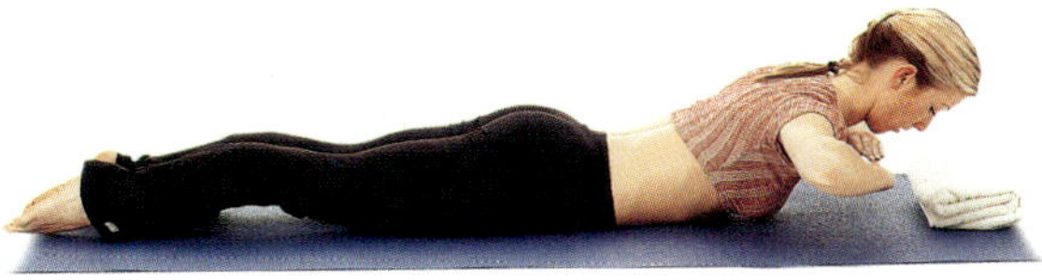

4 **SCHRITT VIER**

Einatmen und den Oberkörper aus der Hüfte heraus vom Boden heben. Rücken strecken, Schulterblätter nach unten ziehen. Die Bauchmuskeln bleiben zur Unterstützung angespannt, der Brustkorb weit geöffnet, die Schultern neutral. Blick auf den Boden richten; Nacken und Kopf nicht nach hinten schieben.

5 **SCHRITT FÜNF**

Ausatmen und den Oberkörper wieder auf den Boden senken; dabei die Verbindung zum Zentrum halten. Die Übung anfangs fünfmal, später bis zu zehnmal wiederholen.

Schwimmen 2

Wer Rücken- oder Hüftprobleme hat, sollte vor dieser Übung ärztlichen Rat einholen, da beidseitige Bewegungen manche Beschwerden verschlimmern können. Gehen Sie die Übung langsam an: Unerlässlich ist eine gute Zentralstabilität, da Arme und Beine in verschiedene Richtungen ziehen.

Ziel: Wirbelsäule dehnen, Zentrum stärken und stabilisieren

Gut für: queren Bauchmuskel, Schulterstabilisatoren, Wirbelsäulen-Streckmuskeln

1 **SCHRITT EINS**

Legen Sie sich auf den Bauch, die Stirn auf den Händen, Beine hüftbreit auseinander, Wirbelsäule und Schultergürtel neutral und entspannt.

2 **SCHRITT ZWEI**

Einatmen, dabei Beckenboden un queren Bauchmuskel anspannen.

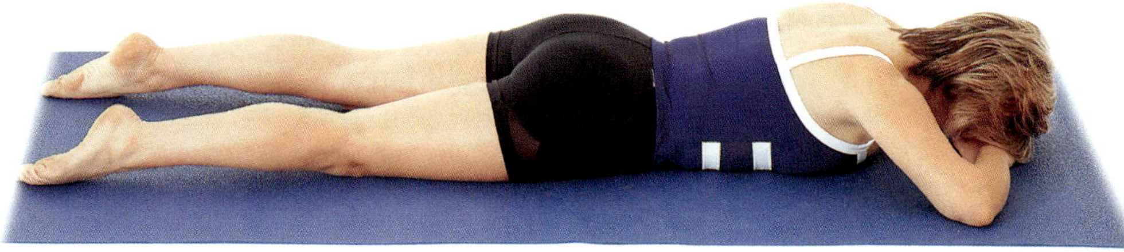

3 **SCHRITT DREI**

Ausatmen und das linke Bein vom Boden heben. Die Zehen ausstrecken und das Bein vom Körper weg dehnen. Dabei den Hals lang halten; Becken und Rippen müssen richtig ausgerichtet bleiben.

4 **SCHRITT VIER**

Einatmen und in die Startposition zurückkehren.

5 **SCHRITT FÜNF**

Die Bewegung fünfmal mit dem linken, dann fünfmal mit dem rechten Bein wiederholen. Die Wiederholungen allmählich bis auf zehn steigern. Wenn Sie sicher sind, dass Beine und Becken stabil genug sind, können Sie die Beine abwechselnd heben – dann jedes Bein maximal fünfmal heben.

6 **SCHRITT SECHS**

Einatmen, Beckenboden und queren Bauchmuskel anspannen.

7 **SCHRITT SIEBEN**

Ausatmen und den rechten Arm nach vorn strecken. Den Kopf in einer Linie mit dem Arm halten, Schulterblätter nach unten ziehen, den Hals lang halten. Sie sollten keine Anspannung im Oberkörper spüren – der andere Arm bleibt zur Stabilisierung gebeugt.

8 **SCHRITT ACHT**

Einatmen und in die Startposition zurückkehren. Fünfmal mit dem rechten, dann fünfmal mit dem linken Arm wiederholen – allmählich bis auf zehnmal steigern. Wenn Sie sicherer werden, können Sie die Arme abwechselnd ausstrecken, jeden Arm maximal fünfmal.

STEIGERUNG

1 Kombinieren Sie die Bein- und Armbewegungen, indem Sie zuerst den rechten Arm und das rechte Bein, dann den linken Arm und das linke Bein zusammen ausstrecken.
2 Rechten Arm und linkes Bein, dann linken Arm und rechtes Bein zusammen ausstrecken.

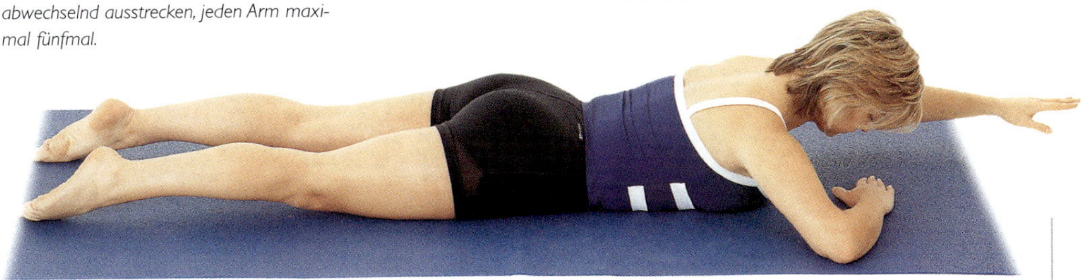

Katzenbuckel 2

Halten Sie während der ganzen Übung die Verbindung zum Zentrum. Die Wirbelsäule bei der Rückkehr in die Ausgangsstellung nicht durchhängen lassen: Stellen Sie sich vor, dass Sie ein Tablett auf dem Rücken balancieren – Kopf und Hals in einer Linie mit der Wirbelsäule, dabei die Schultern stabil und das Becken neutral.

Ziel: Wirbelsäule mobilisieren, Stabilität verbessern

Gut für: Wirbelsäule, Schultern, Nacken und Bauch

1 **SCHRITT EINS**

Auf alle Viere (Hände und Knie) gehen, Wirbelsäule und Schultergürtel in Neutralposition, Knie unter den Hüften und Hände unter den Schultern.

2 **SCHRITT ZWEI**

Einatmen, Beckenboden und queren Bauchmuskel anspannen. Den Körper dabei neutral halten.

3 SCHRITT DREI

Ausatmen, die Bauchmuskulatur bleibt angespannt und zur Wirbelsäule gezogen. Die Wirbelsäule vom Steißbein an hochwölben. Den Kopf zwischen den Armen hängen lassen.

4 SCHRITT VIER

Am oberen Ende der Bewegung einatmen und die Wirbelsäule so dehnen, dass Ihr Rücken einen ausgeprägten Katzenbuckel bildet. Dabei die Kontraktion des queren Bauchmuskels halten.

5 SCHRITT FÜNF

Ausatmen und die Wirbelsäule in die Ausgangsstellung zurückkehren lassen; dabei den Kopf wieder heben.

6 SCHRITT SECHS

Übung anfänglich fünfmal, später bis zu zehnmal wiederholen.

Superman

Auch bei dieser Übung müssen Sie durchgehend die Verbindung zum Zentrum wahren und die Schultern stabil, Kopf und Hals in einer Linie mit der Wirbelsäule und das Becken in Neutralposition halten. Achten Sie besonders darauf, dass beim Strecken des Beins das Becken waagerecht bleibt und die Hüfte nicht wegsackt. Wenn Sie bei dieser Übung Kniebeschwerden spüren, sollten Sie auf sie verzichten.

Ziel: Zentrum stabilisieren, Wirbelsäule und Beine dehnen

Gut für: queren Bauchmuskel, großen Gesäßmuskel und Kniesehnen

1 **SCHRITT EINS**

Gehen Sie auf alle Viere (Hände und Knie), Wirbelsäule und Schultergürtel in Neutralposition, Knie unter den Hüften und Hände unter den Schultern.

2 **SCHRITT ZWEI**

Einatmen, Beckenboden und queren Bauchmuskel anspannen. Die Wirbelsäule vom Steißbein bis zum Scheitel strecken.

3 **SCHRITT DREI**

Ausatmen, dabei die Bauchmuskelkontraktion beibehalten. Den rechten Arm in einer Linie mit Schulter und Kopf ausstrecken. Den Schultergürtel richtig ausgerichtet halten.

4 **SCHRITT VIER**

Einatmen und in die Startposition zurückkehren.

STEIGERUNG

1 Beherrschen Sie die Bein- und Armbewegungen, kombinieren Sie sie: Zuerst rechten Arm und rechtes Bein, dann linken Arm und linkes Bein zusammen ausstrecken.

2 Über Kreuz: Rechten Arm und linkes Bein, dann linken Arm und rechtes Bein zusammen ausstrecken.

5 **SCHRITT FÜNF**

Die Bewegung fünfmal mit dem rechten, dann fünfmal mit dem linken Arm wiederholen. Allmählich bis auf zehn Wiederholungen steigern. Wenn Ihre Arme und Schultern stabil genug sind, können Sie die Arme abwechselnd ausstrecken (jeden Arm drei- bis maximal fünfmal).

6 **SCHRITT SECHS**

Einatmen, Beckenboden und queren Bauchmuskel anspannen. Wirbelsäule bis zum Scheitel strecken.

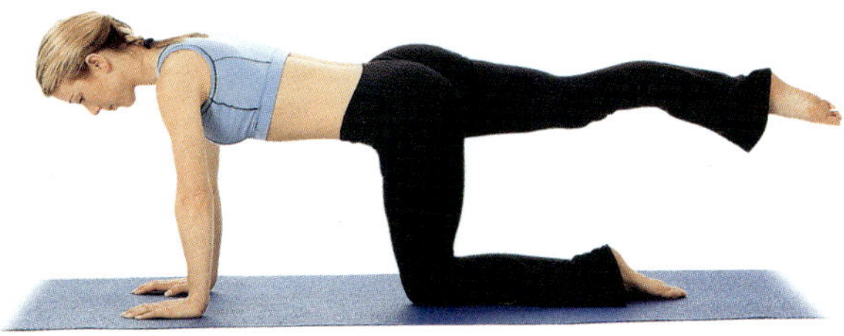

7 **SCHRITT SIEBEN**

Ausatmen, dabei die Bauchmuskelkontraktion beibehalten. Das rechte Bein in einer Linie mit der Hüfte ausstrecken. Der Beckengürtel muss richtig ausgerichtet bleiben.

8 **SCHRITT ACHT**

Einatmen und in die Startposition zurückkehren.

9 **SCHRITT NEUN**

Die Bewegung fünfmal mit dem rechten, dann fünfmal mit dem linken Bein wiederholen. Allmählich auf zehn Wiederholungen steigern. Wenn Ihre Beine stabil genug sind, können Sie sie abwechselnd strecken (jedes Bein drei- bis maximal fünfmal).

Beinschwinge 2

Für diese Übung muss das Körperzentrum wirklich stark sein, da sonst die Gefahr besteht, dass der Körper nach vorn rollt oder nach hinten kippt. Denken Sie also, obwohl dies eine Beinübung ist, ständig an Ihr Zentrum. Es kann hilfreich sein, ein gefaltetes Handtuch zwischen Arm und Kopf zu legen, damit der Hals in einer Linie mit der Wirbelsäule ausgerichtet bleibt.

Ziel: Zentrum stärken und stabilisieren, Hüften und Bauch trainieren

Gut für: Hüftbeugemuskeln, queren Bauchmuskel und großen Gesäßmuskel

1 **SCHRITT EINS**

Legen Sie sich auf die Seite, die Hüften parallel übereinander, die Beine gerade ausgestreckt. Den unteren Arm mit der Handfläche nach oben ausstrecken, sodass Sie von den Fingern bis zu den Zehen eine gerade Linie bilden.

2 **SCHRITT ZWEI**

Die Beine leicht nach vorn abwinkeln, ohne die Haltung der Wirbelsäule zu verändern, die vom Kopf bis zum Steißbein gerade bleiben soll.

3 SCHRITT DREI

Aus dieser Haltung das obere Bein bis auf Hüfthöhe anheben und so weit zurücknehmen, dass es eine Linie mit der Hüfte bildet; dabei den Fuß anwinkeln. Achten Sie darauf, dass das Knie nach vorn zeigt und sich nicht zum Boden dreht. Den oberen Arm beugen. und die Hand auf den Bauch legen, um ein Feedback zu erhalten. Die obere Schulter entspannt und richtig ausgerichtet, den Schultergürtel in Neutralposition halten. Der Kopf liegt auf dem unteren Arm und bildet eine Linie mit der Wirbelsäule.

4 SCHRITT VIER

Einatmen, Beckenboden und queren Bauchmuskel anspannen. Den Fuß angewinkelt halten, die Ferse durchstrecken. Das Bein bis zum 90°-Winkel nach vorn führen, wobei das Becken in Neutralposition bleibt. Wenn Sie am Anfang keine 90° erreichen, gehen Sie so weit, wie Sie können, ohne die Form zu verlieren, und steigern Sie sich allmählich.

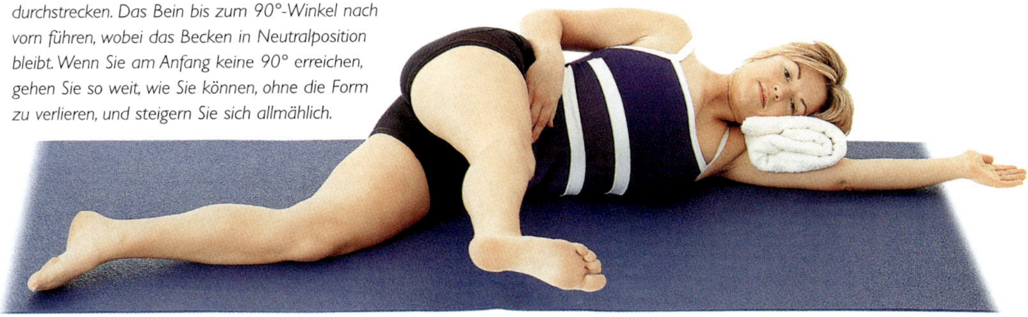

5 SCHRITT FÜNF

Ausatmen, den Fuß strecken und das Bein in die Startposition zurücknehmen; dabei das Becken in Neutralposition und das Bein auf Hüfthöhe halten. Wiederholen Sie die Bewegung fünfmal mit diesem Bein, drehen Sie sich dann um, und führen Sie sie mit dem anderen Bein aus. Steigern Sie sich langsam auf maximal zehn Wiederholungen pro Bein.

Beinseithebung 2

Wie bei der vorigen Übung muss das Zentrum auch hier sehr stark sein, damit der Körper nicht wegrollt oder kippt. Sie sollten also auch bei dieser Übung stets an Ihr Zentrum denken.

Ziel: Zentrum stärken und stabilisieren; Hüften, Bauch, Kniesehnen und Waden trainieren

Gut für: Gesäß- und Oberschenkelabduktoren, queren Bauchmuskel

1 **SCHRITT EINS**

Legen Sie sich auf die Seite, die Hüften übereinander, die Beine ausgestreckt. Den unteren Arm mit der Handfläche nach oben ausstrecken, sodass Sie von den Fingerspitzen bis zu den Zehen eine gerade Linie bilden.

2 **SCHRITT ZWEI**

Die Beine leicht nach vorn abwinkeln, ohne die Haltung der Wirbelsäule zu verändern, die vom Kopf bis zum Steißbein gerade bleiben soll.

3 **SCHRITT DREI**

Aus dieser Haltung das obere Bein bis auf Hüfthöhe anheben und so weit zurücknehmen, dass es eine Linie mit der Hüfte bildet. Den Fuß strecken. Achten Sie darauf, dass das Knie nach vorn zeigt und sich nicht zum Boden dreht. Den oberen Arm beugen und die Hand auf den Bauch legen, um Feedback zu erhalten. Die obere Schulter entspannt und richtig ausgerichtet, den Schultergürtel in Neutralposition halten. Der Kopf liegt auf dem unteren Arm und bildet mit der Wirbelsäule eine Linie.

4 **SCHRITT VIER**

Einatmen, Beckenboden und queren Bauchmuskel anspannen. Den Fuß durchstrecken und das Bein langsam aus der Hüfte bis auf maximal 25° anheben. Das Bein bis in die Zehenspitzen dehnen.

5 **SCHRITT FÜNF**

Ausatmen und am oberen Ende der Bewegung den Fuß anwinkeln und das Bein wieder in die Ausgangsposition senken; dabei die Ferse durchdrücken.

6 **SCHRITT SECHS**

Die Übung fünfmal als fließende Bewegung wiederholen – keine Pausen an ihrem oberen oder unteren Ende einlegen –, dann umdrehen und mit dem anderen Bein ausführen. Allmählich bis auf maximal zehn Wiederholungen steigern.

Beinkreisen

Diese Übung ist ideal als Abschluss der Beinübungsserie. Voraussetzung ist, wie schon bei den vorigen Übungen, ein sehr starkes Zentrum, um ein Wegrollen oder -kippen des Körpers zu vermeiden. Achten Sie darauf, die Kreise aus der Hüfte auszuführen, statt nur mit den Füßen oder Zehen zu wackeln.

Ziel: Hüften, Gesäß und Oberschenkel trainieren, Hüfte mobilisieren

Gut für: queren Bauchmuskel und Beweglichkeit der Hüfte

1 **SCHRITT EINS**

Legen Sie sich auf die Seite, die Hüften übereinander, die Beine zusammen ausgestreckt. Strecken Sie den unteren Arm mit der Handfläche nach oben aus, sodass Sie von den Fingern bis zu den Zehen eine gerade Linie bilden.

2 **SCHRITT ZWEI**

Jetzt die Beine leicht nach vorn abwinkeln, ohne die Haltung der Wirbelsäule zu verändern, die vom Kopf bis zum Steißbein gerade bleiben soll.

3
SCHRITT DREI

Aus dieser Haltung das obere Bein bis auf Hüfthöhe anheben und so weit zurücknehmen, dass es eine Linie mit der Hüfte bildet. Den Fuß strecken. Achten Sie darauf, dass das Knie nach vorn zeigt und sich nicht zum Boden dreht. Den oberen Arm beugen und die Hand auf den Bauch legen, um Feedback zu erhalten. Die obere Schulter entspannt und richtig ausgerichtet, den Schultergürtel in Neutralposition halten. Der Kopf liegt auf dem unteren Arm und bildet mit der Wirbelsäule eine Linie.

4
SCHRITT VIER

Tief und weit einatmen, dabei den Beckenboden und den queren Bauchmuskel anspannen.

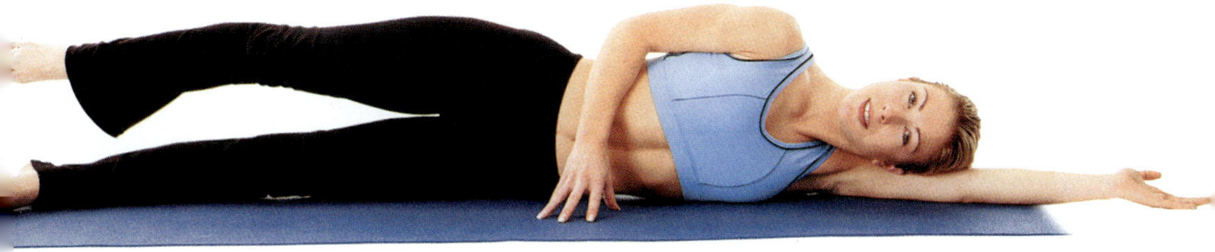

5
SCHRITT FÜNF

Ausatmen und mit dem Bein kleine Kreise beschreiben – fünf nach vorn und fünf nach hinten. Stellen Sie sich vor, dass Ihr Bein in einem kleinen Zylinder steckt und Sie es an der inneren Zylinderwand entlangführen. Fünfmal wiederholen, umdrehen und mit dem anderen Bein weitermachen. Später bis auf zehnmal steigern.

Pilates für Fortgeschrittene

Einleitung

Diese Übungen für Fortgeschrittene sind eine echte Herausforderung, auf die Sie jedoch durch die Übungen der früheren Stufen sehr gut vorbereitet sind. Nehmen Sie sie aber wirklich erst in Angriff, wenn Sie es sich zutrauen, und gehen Sie genauso vor wie bisher: Bemühen Sie sich um langsame, aber stetige Fortschritte, und führen Sie jede Bewegung aufmerksam und präzise aus. Hier wird eine Menge verlangt: Das erfordert Ihre ganze Konzentration und kontrollierte, rhythmische Atmung.

Die Beinübungen werden jetzt mit sehr wenig zusätzlicher Unterstützung ausgeführt: Während Sie bislang das untere Bein zur Stabilisierung gebeugt hielten, ist es hier nur noch leicht abgewinkelt. Wenn Sie jetzt also Schultern und Becken nicht in Neutralposition halten und Ihr Zentralkern nicht stark und stabil genug ist, kippen Sie schlicht nach vorn oder hinten weg. Außerdem ist der Oberkörper jetzt seitlich gebeugt, weshalb Sie besonders darauf achten müssen, dass die Rippen nicht Richtung Boden wegsacken. Stützen Sie die Fingerspitzen ganz leicht auf den Boden auf, um ein Feedback zu erhalten – sobald Sie Druck auf ihnen verspüren, wissen Sie, dass Sie die entscheidende Kraftlinie des Körpers vom Becken bis zur Schulter nicht richtig halten.

Das Kapitel enthält zwei fortgeschrittene Armübungen für Bizeps und Trizeps, die ideal gegen schlaffe Oberarme wirken. Achten Sie auch hier auf kontrollierte Bewegungen: Schwingen Sie die Arme nicht wild auf und ab, sondern stellen Sie sich vor, dass Sie gegen den sanften Widerstand fließenden Wassers arbeiten. Noch effektiver werden die Übungen, wenn Sie sie mit Gewichten ausführen – speziellen Trainingsgewichten, die man um die Handgelenke schnallt, oder einfachen Konservendosen, die aber beide das gleiche Gewicht haben müssen.

Dieses Kapitel umfasst als eine der schwierigsten Pilates-Übungen „Die Hundert für Fortgeschrittene", eine Kombination aus Bauchübung, Beckenkippung und Hüftbeugung mit vollendeter Atemkontrolle. Wenn Sie diese Übung bewältigen, können Sie wirklich stolz auf sich sein, da sie große Anforderungen an den ganzen Körper und ganz besonders an den Zentralkern stellt. Er muss absolut stabil sein, um Sie zu unterstützen, während Sie den Oberkörper beugen und gleichzeitig beide Beine zur Decke strecken, ohne dabei zu wackeln und die Form oder die Kontrolle über Ihre Atmung zu verlieren.

Klingt das unerreichbar? Natürlich nicht! Sie schaffen es, auch wenn es eine Weile dauern kann, sofern Sie nicht schon von Anfang an sehr fit waren, und selbst dann müssen Sie zuerst einige der früheren Trainingsschritte ausreichend verinnerlichen. Aber wenn Sie diese Übung erst beherrschen, können Sie die Welt aus den Angeln heben! Halten Sie sich einfach an die Pilates-Grundprinzipien – Atmung, Kontrolle und Konzentration, Entspannung und Ausrichtung, Motivation und Visualisierung – und geben Sie Ihr Bestes.

Radfahren in Seitenlage

Die halb aufgerichtete Seitenlage stellt eine Steigerung gegenüber den Beinübungen der früheren Abschnitte dar. In dieser Haltung müssen Sie besonders darauf achten, die Rippen nicht zum Boden durchsacken zu lassen. Halten Sie ihre Verbindung zum Kraftzentrum, sodass Ihr Körper vom Becken bis zu den Schultern eine kraftvolle Einheit bildet.

Ziel: Hüften kräftigen und mobilisieren, Gesäßmuskeln und Kniesehnen trainieren

Gut für: Hüften, großen Gesäßmuskel und Kniesehnen

1 **SCHRITT EINS**

Legen Sie sich auf die Seite, die Hüften genau übereinander und die Beine zusammen ausgestreckt. Strecken Sie den unteren Arm mit der Handfläche nach oben aus, sodass Sie von den Fingerspitzen bis zu den Zehen eine gerade Linie bilden. Halten Sie den Kopf in einer Linie mit der Wirbelsäule, das Kinn nach vorn gerichtet.

2 **SCHRITT ZWEI**

Einatmen, dabei die Hand des oberen Arms flach auf den Boden legen, um die Aufrichtbewegung zu unterstützen.

3 **SCHRITT DREI**

Ausatmen und den unteren Arm so zum Körper anziehen, dass sich der Ellenbogen genau unter der Schulter befindet, während der Unterarm seitlich auf dem Boden aufliegt; die Finger weisen rechtwinklig vom Körper weg. Die obere Schulter in Neutralposition halten, die rechte Hand (bei zunehmender Kraft nur mit den Fingerspitzen) auf dem Boden abstützen.

4 **SCHRITT VIER**

Jetzt die Beine leicht nach vorn abwinkeln, ohne die Haltung der Wirbelsäule zu verändern, die vom Kopf bis zum Steißbein gerade bleiben soll.

5 **SCHRITT FÜNF**

Aus dieser Haltung das obere Bein bis au Hüfthöhe anheben und so weit zurücknehmen, dass es eine Linie mit der Hüfte bildet. Den Fuß strecken. Achten Sie darauf, dass das Knie nach vorn zeigt und sich nicht zum Boden dreht.

6

SCHRITT SECHS

Einatmen und das auf Hüfthöhe gehaltene obere Bein zuerst im Knie nach hinten abknicken – Ferse zum Gesäß –, dann nach vorne führen, wobei das Knie im 90°-Winkel gebeugt bleibt.

7

SCHRITT SIEBEN

Die Übung fünfmal als fließende Bewegung ohne Pausen wiederholen. Dabei die Verbindung zum Zentrum halten, damit der Körper unter dem Gewicht des gestreckten Beins nicht vorwärts kippt.

8

SCHRITT ACHT

Umdrehen und die Bewegung fünfmal mit dem anderen Bein wiederholen. Allmählich auf maximal zehn Wiederholungen pro Bein steigern.

Beinseithebung 3

Achten Sie darauf, bei dieser Übung das Bein nicht einfach nur zu heben und zu senken, sondern die Arbeit des inneren Oberschenkelmuskels vom Knie bis zum Schambein und den Widerstand, den er gegen die Schwerkraft leistet, wirklich zu spüren. Wie bei der vorigen Übung dürfen auch hier die Rippen nicht nach unten durchsacken – Sie sollten ihre Verbindung zum Kraftzentrum halten.

Ziel: Inneren und äußeren Oberschenkel dehnen und kräftigen

Gut für: Bauch, inneren und äußeren Oberschenkel

1 SCHRITT EINS

Legen Sie sich auf die Seite, die Hüften übereinander, die Beine ausgestreckt. Den unteren Arm mit der Handfläche nach oben ausstrecken, sodass Sie von den Fingerspitzen bis zu den Zehen eine gerade Linie bilden. Den Kopf in einer Linie mit der Wirbelsäule halten, das Kinn nach vorn gerichtet.

2 SCHRITT ZWEI

Einatmen, dabei die Hand des oberen Arms flach auf den Boden legen, um die Aufrichtbewegung zu unterstützen.

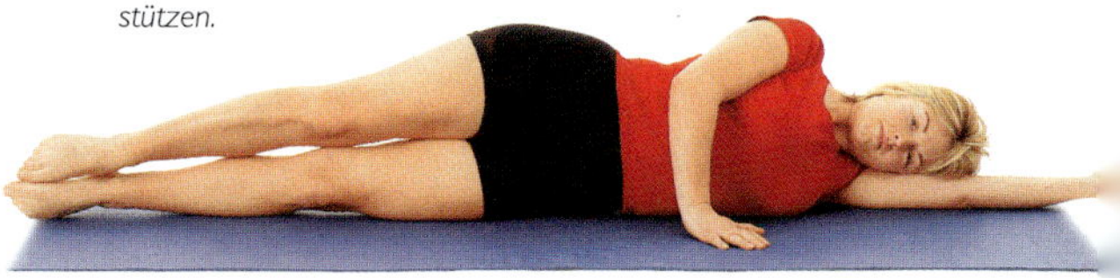

3 SCHRITT DREI

Ausatmen und den unteren Arm so zum Körper anziehen, dass sich der Ellenbogen genau unter der Schulter befindet und der Unterarm flach auf dem Boden aufliegt, die Finger vom Körper wegweisend. Die obere Schulter bleibt in Neutralposition. Die Hand des oberen Arms auf den Nabel legen, um Feedback zu erhalten.

4 SCHRITT VIER

Die Beine leicht nach vorn abwinkeln, ohne die Haltung der Wirbelsäule zu verändern, die vom Kopf bis zum Steißbein gerade bleiben soll.

5 SCHRITT FÜNF

Das obere Bein bis auf Hüfthöhe anheben und so zurücknehmen, dass es eine Linie

mit der Hüfte bildet. Das obere Knie im 90°-Winkel

beugen und den Fuß vor dem ausgestreckten unteren Bein auf den Boden stellen.

6 SCHRITT SECHS

Einatmen und das untere Bein anheben. Das Bein bleibt gestreckt, ohne das Knie durchzudrücken.

7 SCHRITT SIEBEN

Ausatmen und das Bein wieder senken, ohne dabei den Boden zu berühren.

8 SCHRITT ACHT

Die Bewegung fünfmal wiederholen, ohne zwischendurch den Boden zu berühren.

9 SCHRITT NEUN

Umdrehen und die Bewegung fünfmal mit dem anderen Bein wiederholen. Wiederholungen allmählich bis auf maximal zehn pro Seite steigern.

Bizepsübung

Diese Übung strafft die Vorderseiten der Oberarme. Stellen Sie sich vor, dass Sie den Unterarm aus einem Scharnier am Ellenbogen heben. Für diese und die nächste Übung brauchen Sie entweder kleine Hanteln oder zwei ähnlich schwere handliche Konservendosen.

Ziel: Muskel an der Vorderseite des Oberarms trainieren, der die Beugung des Unterarms bewirkt

Gut für: Bizeps

1 SCHRITT EINS

Stehen Sie aufrecht, die Knie nicht durchgedrückt, Füße hüftbreit auseinander. Arme locker hängen lassen, die Handflächen nach innen gedreht. Schultern in Neutralposition entspannen und darauf achten, auch sonst keinerlei Anspannung im Körper zu spüren.

2 SCHRITT ZWEI

Einatmen, dann ausatmen und Verbindung zum Zentrum herstellen: Beckenboden sanft hochziehen, Nabel zur Wirbelsäule ziehen.

3 SCHRITT DREI

Einatmen und die Schultern zu den Ohren hochziehen, dann ausatmen und die Schulterblätter in Neutralposition sinken lassen.

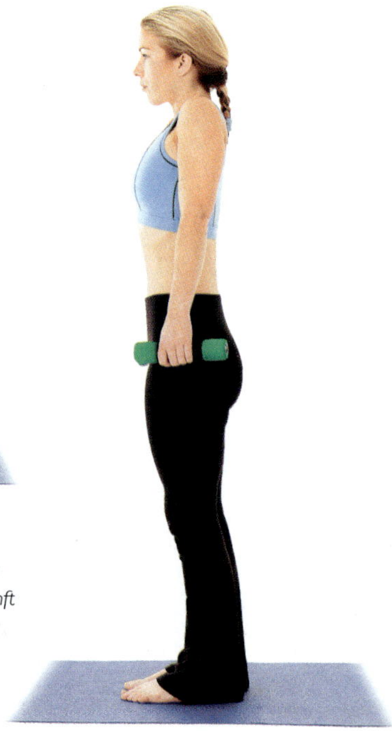

4 **SCHRITT VIER**
Einatmen.

5 **SCHRITT FÜNF**
Ausatmen, Unterarme im Ellenbogen anwinkeln und nach oben ziehen. Arme dabei so drehen, dass die Handflächen nach oben weisen. Am oberen Ende der Bewegung befinden sich die Handflächen knapp unterhalb des Kinns vor den Schultern.

6 **SCHRITT SECHS**
Einatmen, die Arme wieder senken und dabei so drehen, dass die Handflächen nach innen zum Körper weisen.

7 **SCHRITT SIEBEN**
Die Übung insgesamt zehnmal wiederholen.

Trizepsübung

Diese Übung trainiert den Trizeps an der Rückseite des Oberarms, der gerade bei Frauen zum Erschlaffen neigt. Achten Sie unbedingt darauf, bei der Vorwärtsbeugung die Verbindung zum Zentrum zu halten, um die Wirbelsäule vor Überlastung zu schützen.

Ziel: Muskel an der Rückseite des Oberarms trainieren, der das Strecken des Unterarms bewirkt

Gut für: Trizeps

1 **SCHRITT EINS**

Stehen Sie aufrecht, die Knie nicht durchgedrückt, Füße hüftbreit auseinander. Arme locker hängen lassen, die Handflächen nach innen gedreht. Schultern in Neutralposition entspannen und darauf achten, dass Sie auch sonst keinerlei Anspannung im Körper spüren.

2 **SCHRITT ZWEI**

Einatmen, dann ausatmen und Verbindung zum Zentrum herstellen: Beckenboden sanft hochziehen, Nabel zur Wirbelsäule ziehen.

3 **SCHRITT DREI**

Aus der Hüfte vorbeugen; dabei die Verbindung zum Zentrum halten. Wirbelsäule gerade halten, Knie leicht beugen. Ellenbogen beugen und zurücknehmen, Unterarme hochziehen. Einatmen.

4 **SCHRITT VIER**

Ausatmen, Beckenboden und queren Bauchmuskel anspannen. Unterarme weit nach hinten führen und Ellenbogen wieder strecken.

5 **SCHRITT FÜNF**

Einatmen und Unterarme wieder beugen. Die Bewegung insgesamt zehnmal wiederholen.

Die Hundert für Fortgeschrittene

Dies ist gewissermaßen die „Krönung" des Pilates-Programms, auf die Sie sich mit allen bisherigen Übungen vorbereitet haben. Unerlässliche Voraussetzung ist eine hundertprozentige Kernstabilität, d. h. die ganze Kraft, die Sie sich durch frühere Übungen, wie etwa die Bauchübungen 1 und 2, die Unterbauchübungen 1 und 2, die Beckenkippübungen 1 und 2 oder die Hüftbeugungen, erworben haben. Bei der Übung muss das Becken neutral und der Schultergürtel stabil bleiben; der Rücken darf weder auf den Boden gepresst noch hochgewölbt werden.

1 **SCHRITT EINS**

Liegen Sie auf dem Rücken, die Knie im 45°-Winkel gebeugt, Füße in einer Linie mit den Knien, Arme neben dem Körper, Handflächen nach unten.

2 **SCHRITT ZWEI**

Einatmen, den Rumpf lang machen und entspannen.

3 **SCHRITT DREI**

Ausatmen, Beckenboden hochziehen, Nabel zur Wirbelsäule ziehen.

4 **SCHRITT VIER**

Einatmen.

5 **SCHRITT FÜNF**

Ausatmen, Verbindung zum Zentrum halten, das rechte Bein heben, bis das Knie im 90°-Winkel gebeugt ist, dabei den Fuß strecken.

6 **SCHRITT SECHS**

Einatmen, das Bein im 90°-Winkel halten.

7 **SCHRITT SIEBEN**

Ausatmen, Verbindung zum Zentrum halten und das linke Bein auf 90°-Kniebeugung anheben, ebenfalls mit gestrecktem Fuß.

8 **SCHRITT ACHT**

Einatmen.

9 **SCHRITT NEUN**

Ausatmen, Oberkörper nach vorn beugen, dabei die Arme auf Schulterhöhe anheben. Den Schultergürtel ohne Anspannung in Neutralposition halten. Jetzt sind Ober- und Unterkörper zum Zentrum gebeugt.

10 **SCHRITT ZEHN**

Die Beine senkrecht nach oben strecken. Einatmen und die Position halten, während Sie bis fünf zählen – den Oberkörper nicht zum Boden zurücksinken lassen. Ausatmen, noch mal bis fünf zählen, dabei die Verbindung mit dem Zentrum halten.

11 **SCHRITT ELF**

Die Position halten und weiteratmen, dabei jeweils auf fünf ein- und ausatmen. Ziel ist es, die Übung zehnmal zu wiederholen, ohne die Form zu verlieren – zehn Wiederholungen zu je zehn Atemzyklen ergeben die „Hundert".

Rumpfbeugen

Auch bei dieser Übung muss das Becken in Neutralposition und der Schultergürtel stabil bleiben. Eine gute Kernstabilität ist ebenfalls unerlässlich, da Sie eine kontrollierte Rumpfdrehung unter Einsatz der schrägen Bauchmuskeln anstreben, bei der der Körper nicht unkontrolliert hin- und herschaukeln darf. Halten Sie die Ellenbogen während der Übung weit abgespreizt, und erliegen Sie nicht der Versuchung, sie nach innen zum Kopf zu ziehen.

Ziel: Becken stabilisieren, schräge Bauchmuskeln und Unterbauch kräftigen, Hüften mobilisieren

Gut für: queren und schrägen Bauchmuskel, Hüftstreck- und -beugemuskeln

1 **SCHRITT EINS**
Liegen Sie auf dem Rücken, Knie im 45°-Winkel gebeugt, Füße in einer Linie mit den Knien, Arme neben dem Körper, Handflächen nach unten.

2 **SCHRITT ZWEI**
Einatmen, den Rumpf lang machen und entspannen.

3 **SCHRITT DREI**
Ausatmen, Beckenboden hochziehen, Nabel zur Wirbelsäule ziehen.

4 **SCHRITT VIER**
Einatmen.

5 **SCHRITT FÜNF**
Ausatmen und ein Knie langsam anheben, als ob es von einer unsichtbaren Schnur nach oben gezogen würde. Bewegung anhalten, wenn das Knie über der Hüfte und im 90°-Winkel gebeugt ist.

6 **SCHRITT SECHS**
Einatmen, Kontraktion des queren Bauchmuskels bei 30 % halten, das Bein mit gestrecktem Fuß um 90° gebeugt halten.

7 **SCHRITT SIEBEN**
Ausatmen, Verbindung zum Zentrum beibehalten und das andere Knie auf 90° Beugung anheben.

8 **SCHRITT ACH**
Einatmen.

9 **SCHRITT NEUN**

Ausatmen, Oberkörper nach vorn beugen, dabei die Arme auf Schulterhöhe heben. Der Schultergürtel bleibt neutral ohne Anspannung. Jetzt sind Ober- und Unterkörper zum Zentrum gebeugt.

10 **SCHRITT ZEHN**

Die Hände an die Kopfseiten legen; darauf achten, dass die Ellenbogen weit abgespreizt bleiben. Zur Vorbereitung einatmen.

11 **SCHRITT ELF**

Ausatmen, das rechte Bein vom Zentrum wegstrecken und die Taille drehen, sodass sich die rechte Schulter dem linken Knie zuneigt.

12 **SCHRITT ZWÖLF**

Einatmen, Körper und Bein zum Zentrum zurückführen.

13 **SCHRITT DREIZEHN**

Ausatmen, das linke Bein vom Zentrum wegstrecken und die Taille so drehen, dass sich die linke Schulter zum rechten Knie neigt. Die Übung zuerst fünfmal, später bis zu zehnmal wiederholen.

Glossar

Atmung Die richtige Atmung ist ein zentrales Element der Pilates-Technik, weshalb man die Anweisungen zum Ein- und Ausatmen genau befolgen sollte.

Ausrichtung Ausbalancieren des Körpers, um das Gewicht gleichmäßig auf beide Füße zu verteilen und das Skelett in seine natürliche Position zu bringen.

Bauchmulde Anspannen der Bauchmuskeln zur Unterstützung müheloser, fließender Bewegungen.

Bauchmuskeln Die den unteren Bereich der Wirbelsäule umgebenden Muskeln, die alle Körperbewegungen und eine gute Haltung unterstützen.

Becken Skelett-Teil am unteren Ende der Wirbelsäule, an dem die Beine aufgehängt sind. Die Beckenbodenmuskulatur unterstützt die Bauchmuskulatur in der Ausführung von Bewegungen.

Blick Man soll den Blick auf den Horizont richten, um eine gute Körperhaltung zu bewahren.

Eimerhenkel Die Pilates-Atmung dehnt das Zwerchfell und weitet den Brustkorb nach beiden Seiten – die Bewegung hat Ähnlichkeit mit dem Anheben eines Eimerhenkels.

Feedback Informationsaustausch zwischen Körper und Geist während der Übungen, der gewährleistet, dass alle Bewegungen korrekt ausgeführt werden.

Fließende Bewegungen Natürlicher, fließender Übergang von einer Bewegung zur nächsten, ohne Unterbrechungen oder jähe Bewegungen.

Halswirbelsäule Der obere Bereich der Wirbelsäule, der den Kopf mit dem Körper verbindet.

Haltung Die Stellung, die der Körper einnimmt. Eine schlechte Haltung kann viele Beschwerden auslösen; das Pilates-Training soll dem entgegenwirken, indem es eine gute Haltung fördert.

Kern Eine andere Bezeichnung für das Körperzentrum, von dem die Körperhaltung und alle Körperbewegungen ausgehen.

Kerntraining Training der Muskeln des Körperzentrums oder -kerns, um optimale Stärke und Stabilität zu erlangen.

Kontrolle Kontrollierte Bewegungen sind bei Pilates sehr wichtig, um fließende, geschmeidige Bewegungsabläufe zu gewährleisten.

Kraftgürtel Eine weitere Bezeichnung für das Körperzentrum (Kern), das durch die Pilates-Technik gestärkt und stabilisiert wird, um fließende Bewegungen und eine gute Haltung zu erreichen.

Motivation Konzentration auf die persönlichen Gründe für das Pilates-Training, z. B. um Beschwerden zu überwinden oder das Wohlbefinden zu steigern.

Neutralposition Beim Pilates-Training entspannt man Schultergürtel, Wirbelsäule und Becken in ihrer natürlichen Position, in der sie nicht nach links oder rechts, vorn oder hinten verzogen oder gekippt sind.

Präzision Es ist wichtig, die Pilates-Übungen präzise – d. h. genau den Schritt-für-Schritt-Anweisungen entsprechend – auszuführen.

Querer Bauchmuskel (Musculus transversus abdominis) Tief liegender Haltungsmuskel im Körperzentrum, der für fließende Bewegungen und gute Haltung von entscheidender Bedeutung ist.

Schultergürtel Die Gruppe von Knochen, aus denen die Schultern bestehen; dazu gehören Schulterblätter, Schlüsselbeine und Oberarmknochen.

Steigerung Vorschlag zur Steigerung des Schwierigkeitsgrads einer Übung, wenn das Körperzentrum ausreichend gekräftigt und stabilisiert ist.

Variation Vorschlag zur Vereinfachung einer Übung, bis das Körperzentrum ausreichend gekräftigt und stabilisiert ist.

Vielgespaltener Rückenmuskel (Musculus multifidus) Einer der Muskeln des Körperzentrums, der mit dem queren Bauchmuskel zusammenarbeitet. Wichtig für Beweglichkeit und eine gute Haltung.

Visualisierung Schaffung und Erhaltung eines klaren inneren Bilds des angestrebten Erfolgs einer Handlung.

Wirbelsäule Das zentrale Element des Skeletts, das von der Schädelbasis bis zum unteren Ende des Rumpfs verläuft und alle anderen Teile des Skeletts verbindet und stützt.

Zentrum Der Bereich um die Körpermitte, der stark und stabil sein muss, um fließende Körperbewegungen zu ermöglichen.

Register

Übungen

Register